TRILHAS DA SUBLIMAÇÃO EM BERTHA PAPPENHEIM
DA HISTERIA À ESCRITA

Editora Appris Ltda.
1.ª Edição - Copyright© 2024 da autora
Direitos de Edição Reservados à Editora Appris Ltda.

Nenhuma parte desta obra poderá ser utilizada indevidamente, sem estar de acordo com a Lei nº
9.610/98. Se incorreções forem encontradas, serão de exclusiva responsabilidade de seus organi-
zadores. Foi realizado o Depósito Legal na Fundação Biblioteca Nacional, de acordo com as Leis nos
10.994, de 14/12/2004, e 12.192, de 14/01/2010.

Catalogação na Fonte
Elaborado por: Dayanne Leal Souza
Bibliotecária CRB 9/2162

P226t
2024
	Pardini, Raquel Jardim
	    Trilhas da sublimação em Bertha Pappenheim: da histeria à escrita / Raquel
	Jardim Pardini. – 1. ed. – Curitiba: Appris, 2024.
	    123 p. : il. ; 21 cm. – (Coleção Multidisciplinaridade em Saúde e Humanidades).
	
	    Inclui referências.
	    ISBN 978-65-250-6842-8
	
	1. Feminismo. 2. Histeria. 3. Literatura. 4. Estranho. 5. Movimento feminista.
	6. Freud e nascimento da psicanálise. 7. Ensino de Lacan. 8. Letra. I. Pardini,
	Raquel Jardim. II. Título. III. Série.
	
	                                                                                  CDD – 305.42

Livro de acordo com a normalização técnica da ABNT

Appris
editora

Editora e Livraria Appris Ltda.
Av. Manoel Ribas, 2265 – Mercês
Curitiba/PR – CEP: 80810-002
Tel. (41) 3156 - 4731
www.editoraappris.com.br

Printed in Brazil
Impresso no Brasil

Raquel Jardim Pardini

TRILHAS DA SUBLIMAÇÃO EM BERTHA PAPPENHEIM
DA HISTERIA À ESCRITA

Appris
editora

Curitiba, PR

2024

FICHA TÉCNICA

EDITORIAL
Augusto Coelho
Sara C. de Andrade Coelho

COMITÊ EDITORIAL
Ana El Achkar (Universo/RJ)
Andréa Barbosa Gouveia (UFPR)
Antonio Evangelista de Souza Netto (PUC-SP)
Belinda Cunha (UFPB)
Délton Winter de Carvalho (FMP)
Edson da Silva (UFVJM)
Eliete Correia dos Santos (UEPB)
Erineu Foerste (Ufes)
Fabiano Santos (UERJ-IESP)
Francinete Fernandes de Sousa (UEPB)
Francisco Carlos Duarte (PUCPR)
Francisco de Assis (Fiam-Faam-SP-Brasil)
Gláucia Figueiredo (UNIPAMPA/ UDELAR)
Jacques de Lima Ferreira (UNOESC)
Jean Carlos Gonçalves (UFPR)
José Wálter Nunes (UnB)
Junia de Vilhena (PUC-RIO)

Lucas Mesquita (UNILA)
Márcia Gonçalves (Unitau)
Maria Aparecida Barbosa (USP)
Maria Margarida de Andrade (Umack)
Marilda A. Behrens (PUCPR)
Marília Andrade Torales Campos (UFPR)
Marli Caetano
Patrícia L. Torres (PUCPR)
Paula Costa Mosca Macedo (UNIFESP)
Ramon Blanco (UNILA)
Roberta Ecleide Kelly (NEPE)
Roque Ismael da Costa Güllich (UFFS)
Sergio Gomes (UFRJ)
Tiago Gagliano Pinto Alberto (PUCPR)
Toni Reis (UP)
Valdomiro de Oliveira (UFPR)

SUPERVISORA EDITORIAL
Renata C. Lopes

PRODUÇÃO EDITORIAL
Sabrina Costa

REVISÃO
Cristiana Leal

DIAGRAMAÇÃO
Ana Beatriz Fonseca

CAPA
Julie Lopes

REVISÃO DE PROVA
Sabrina Costa

COMITÊ CIENTÍFICO DA COLEÇÃO MULTIDISCIPLINARIDADES EM SAÚDE E HUMANIDADES

DIREÇÃO CIENTÍFICA
Dr.ª Márcia Gonçalves (Unitau)

CONSULTORES
Lilian Dias Bernardo (IFRJ)

Taiuani Marquine Raymundo (UFPR)

Tatiana Barcelos Pontes (UNB)

Janaína Doria Líbano Soares (IFRJ)

Rubens Reimao (USP)

Edson Marques (Unioeste)

Maria Cristina Marcucci Ribeiro (Unian-SP)

Maria Helena Zamora (PUC-Rio)

Aidecivaldo Fernandes de Jesus (FEPI)

Zaida Aurora Geraldes (Famerp)

A meus pais, Arlindo e Jeanne.

A meus filhos, Felipe e Gustavo.

À Maria Anita Carneiro Ribeiro (in memoriam).

AGRADECIMENTOS

Antonio Quinet, Maria Anita Carneiro Ribeiro, Vera Pollo, Ana Maria Portugal, Sonia Alberti, Dóris Rinaldi, Glória Sadala, José Maurício Loures, Luciano Elia e colegas dos fóruns da EPFCL.

PREFÁCIO

Figura 1 – Bertha, letras e rendas

Fonte: Leo BaeckInstitute London ([20--])

Bertha, letras e rendas

Afinal de contas, as palavras de um escritor são atos.

Freud, carta a Thomas Mann.

Para um psicanalista, o que escrever quando se está diante de um acontecimento fundador da psicanálise? Parece que tudo já foi escrito! Mas não é bem assim. Restam traços, detalhes que só um olhar refinado e decidido pode decantar seu valor.

Trata-se do "caso Anna O". Da cura pela palavra [*talking-cure*]. Após certo sucesso sobre a sintomática histérica, Bertha ousou ir além e promoveu mudanças em sua vida. Era final do século XIX, quando a ortodoxia das famílias judias dava à mulher um papel subalterno inscrito em quatro Ks: *Kinder* [filhos], *Kuchen* [cozinha], *Kirche* [igreja] e *Kleider* [roupas]. Bertha reagiu e tornou-se ativista na defesa das mulheres e dos órfãos. Foi uma das fundadoras da assistência social e do feminismo na Alemanha.

O percurso de uma histérica doente, maltratada pela família, até chegar a uma personagem de ponta numa transformação social é o caminho que Raquel Pardini vem nos contar por meio de intensa pesquisa, que se aprofunda não somente nos conceitos da psicanálise, mas especialmente nos escritos de Bertha, percorrendo as vias da sublimação.

A ênfase dada a esses escritos tornou-se muito importante na argumentação de Raquel Pardini não só quanto à sublimação, mas também quanto ao tema do feminino, sobre o qual a psicanálise sempre trouxe muitos enigmas. Surge a questão: "Qual a relação da arte e da escrita com a causa feminina de Bertha? "A arte, a escrita, o teatro operaram no sentido de elevar o objeto, a feminilidade à dignidade da Coisa [*das Ding*], sublimação ou, como Lacan avançou no seu último ensino, no conceito de letra-litoral, entre o saber e o gozo." (Pardini, 2024).

Realmente a escrita tornou-se fundamental na vida de Bertha, como se poderá acompanhar nesta pesquisa, que, inclusive aborda outras escritoras contemporâneas e posteriores a ela. O feminino como objeto, elevado por Lacan à dignidade da Coisa [*das Ding*], devido à falta de um significante próprio, nos leva a um detalhe do importante escrito de Bertha, *Trabalho de Sísifo* (1924), numa data de maio, em Varsóvia. Nessa passagem ela se lamenta por não ter concluído seu trabalho – assim como Sísifo – devido a seu caráter pessoal de nômade. Diz sentir saudades de casa, falta de sua escrivaninha, de seus óculos coloridos e, especialmente, das "rendas, aqueles padrões milagrosamente variados, baseados num único e delicado fio de linho". Imagina que toda a vida deve ser formada por esse material delicado e forte, entrelaçando, com entremeios, simples ou complicados, que representam valores éticos e estéticos. Admira as mulheres, em suas escritas de luta, às vezes duras e cheias de ódio, mas sempre ansiando por um ideal.

Podemos perceber esse detalhe da descrição da renda – e do fio da vida – como índice de sua sensação de feminino, algo ainda não realizado, mas presente. Sugere-nos que Bertha teria uma coleção de rendas, não sabemos se roupas fragmentos ou peças mesmo do tecido. Quando se mudou de Viena para a Alemanha, quis levá-las consigo, mas não foi possível, por isso sentia falta delas.

Lacan, ao final de sua fala no Congresso sobre a sexualidade feminina, conclui muito claramente. Como não há significante para o feminino, não adianta pesquisar sobre os símbolos DA mulher – geralmente símbolos da mãe –, e sim os que são colocados NA mulher. Por esse viés, podemos acompanhar como é a lida com esse vazio.

A renda é um dos símbolos colocados NA mulher. Freud aproxima todo o trabalho de tecer como algo ligado ao feminino, mas o aponta como encobridor da castração, apesar de enfatizar o fato de o trabalho, de ter o mesmo valor que um adereço, um enfeite encobridor, como uma mascarada fálica. O comentário de Lacan nos leva além, ao acentuar nesse símbolo seu aspecto de Coisa [*das Ding*], de ausência, que aproximamos da descrição de Bertha sobre "sinto falta das rendas".

Afinal, o que é uma renda? Trata-se de um fio de linha que vai contornando buracos e daí tomando formas, ora de flores, ora arabescos, desenhos vários, afinal. O que acontece se, porventura, se rompe o fio? Voltamos à condição de buraco... o vazio do feminino, sem significante, mas expresso na escrita, sobre o que muitos autores se perguntam se não haveria aí uma especificidade da escrita feminina (Saliba, 1986).

Isso diz ainda da escrita, a linha vai fazendo escrita até que... não há mais o que escrever. Surge o silêncio, o vazio, o buraco, sem borda. E se escreve. Lembremos dos escritos de Marguerite Duras, também abordados por Raquel Pardini. Duras esclarece: "Eu disse, eu acho, em dado momento: os buracos. [...] Mas foi preciso escrever muitos livros até chegar neles".

Bertha tinha a expectativa de, com seus escritos, encontrar a paz.

Belo Horizonte, abril de 2024.

Ana Maria Portugal

Psicanalista em Belo Horizonte, membro da Escola Letra Freudiana. Doutora em Literatura Comparada pela UFMG. Autora de O vidro das palavras *(Autêntica, 2006) e de Revistas de Literatura e Psicanálise nacionais e internacionais.*

SUMÁRIO

INTRODUÇÃO 15

1

O CASO ANNA O./BERTHA PAPPENHEIM 19

O que é a histeria 24

Freud sobre o caso Anna O. 26

Comentários de Lacan sobre Anna O./
Bertha Pappenheim 30

Bertha Pappenheim (1859-1936) 33

2

A SUBLIMAÇÃO SEGUNDO FREUD E LACAN 39

Pulsão 41

A sublimação segundo Freud 43

A sublimação segundo Lacan 45

Das Unheimliche, o infamiliar, o êxtimo 49

Retorno a Lacan no *Seminário 16* 52

3

A PSICANÁLISE, O FEMINISMO – A FEMINILIDADE 55

O que Freud e Lacan escrevem sobre a sexualidade feminina 57

Como Bertha lidou com sua feminilidade 59

A feminilidade e o feminismo em Bertha Pappenheim 60

4

BERTHA PAPPENHEIM – A ESCRITA E O ATIVISMO 67

A escrita e a literatura na vida de Bertha 68

Histórias para crianças 68

A escrita e o ativismo feminista 74

HEIM – Lar da liga de mulheres judias 75

Glückel Von Hameln 77

Sisyfus-arbeit – Trabalho de Sísifo..78

Outras escritoras – a escrita feminina...82

Marie Von Ebner-Eschenbach..83

Bertha Von Suttner...84

Alexandra Mihaillovna Kollontai...85

Charlotte Perkins Gilman..87

Marguerite Duras 90

Notas sobre Bertha: a escrita, o trabalho social e a psicanálise 91

5
LACAN E OS ESCRITOS DE BERTHA –
DA SUBLIMAÇÃO À LETRA 93

A LETRA SEGUNDO LACAN 93

A LETRA E *LITURATERRA*...***94***

A LETRA E A FUNÇÃO DO ESCRITO: NÃO-TODA...............................96

O GOZO FEMININO..96

TRABALHO DE SÍSIFO...99

CONCLUSÕES 107

POSFÁCIO 111

REFERÊNCIAS 113

INTRODUÇÃO

Figura 2 – A escrivaninha de Bertha Pappenheim

Fonte: Leo Baeck Institute London ([20--])

> *Provavelmente uma falha da minha própria personalidade.*
> *O que faz da minha vida nômade mais fácil para mim.*
> *Sinto saudades da escrivaninha e acima de tudo das minhas rendas.*
>
> BERTHA PAPPENHEIM

    Cinco anos após o mestrado defendido na Faculdade de Letras da Universidade Federal de minas Gerais (UFMG), retornaram questões não respondidas sobre o destino e a cura de Bertha Pappenheim na pesquisa de doutorado, elaborada no programa de Pós-Graduação em Psicanálise da Universidade Estadual do Rio de Janeiro (UERJ), sob a orientação da professora Sonia Alberti e co-orientação da professora Maria Anita Carneiro Ribeiro. Acrescentamos agora pesquisa aprofundada no doutorado em psicanálise de dados e caminhos tomados por Bertha, com o título *Os caminhos da sublimação nos escritos de Bertha Pappenheim (Anna O.)*. Esse é o título do projeto de doutorado, porém o livro tem outro título: Trilhas da Sublimação em Bertha Pappenheim - da histeria à escrita.

Pesquisamos sobre Bertha Pappenheim, a famosa Anna O. de *Estudos sobre a histeria* (Freud, 1996a), e como ela curou seus sintomas de histeria por meio da fala [*talking cure*] e da escrita [*writing cure*] pela via da sublimação. Essa paciente teve muita importância na história da psicanálise, tanto que foi citada na obra de Freud e Lacan, como se poderá constatar na leitura desta pesquisa.

Mistério instigante: como essa mulher, judia, sofrida, maltratada pela família e submetida a internações, sobreviveu à guerra, conversou com chefes da polícia nazista, salvou órfãos e mulheres judias? A pesquisa versa sobre a vida e os escritos de Bertha Pappenheim, além da sublimação e de outros conceitos, em busca de uma resposta para esse enigma.

Pesquisamos também o modo como o trabalho sublimatório opera na vida do sujeito. O que Freud e Lacan disseram sobre esse conceito? Como nos falou Lacan (1988) no *Seminário, livro 7: A ética da psicanálise*, na sublimação, o objeto é elevado à dignidade da Coisa [*das Ding*]. Segundo Soler (2005), Bertha soube sublimar sua feminilidade sacrificada, tornou-se mãe dos órfãos que acolhia e atuou como advogada e defensora dos direitos da mulher. Bertha foi ativista e líder no feminismo das mulheres judias na Alemanha.

O que Freud e Lacan falaram sobre a sexualidade feminina? Como Bertha sacrificou sua feminilidade? Como foi para ela nascer mulher numa família com valores judaicos ortodoxos, em que a mulher só era reconhecida no exercício de três funções: na casa, na cozinha e na criação de filhos? Como lidou com essas imposições?

Revisitamos o caso Anna O., paciente de Breuer, em Viena, no final do século XIX. Qual seu destino? O que aconteceu com ela? Bertha adoeceu, sofreu com sua histeria. Como subjetivou e curou seus sintomas? Abordamos os conceitos de histeria, pulsão, feminilidade e *Unheimlich*, traduzido por estranho ou infamiliar, bem como o conceito lacaniano de letra.

Pesquisamos a escrita e o ativismo em Bertha Pappenheim e outras escritoras da mesma época. No ativismo, ela conseguiu uma forma – que não adoecer de histeria – de expressar seu desacordo com a situação das mulheres.

O conceito de letra, incluído no último capítulo, traz uma nova leitura ao escrito de Bertha. Em *Lituraterra*, Lacan (2003d, p. 24) diz que

> [...] o sujeito é dividido pela linguagem, como em toda parte, mas um de seus registros pode se satisfazer com referência à escrita, e o outro, com a fala. É a letra, como tal, que serve de apoio ao significante, segundo sua lei de metáfora – é do outro lugar – do discurso, que ele a pega na rede do semblante.

Bertha se identifica com o semblante masculino Berthold nos escritos ativistas. No primeiro livro de contos, no escrito "A ninfa do lago", pode-se observar o ponto de letra-litoral entre o gozo e o saber.

Pode-se dizer que houve uma *talking cure* em Anna O. no relato de Breuer. No entanto, verificou-se outro final do tratamento. Os sintomas persistiram e muitos caminhos foram trilhados, da *talking cure* [cura pela fala] à *writing cure* [cura pela escrita], na sublimação, nos escritos e no ativismo feminista em Bertha Pappenheim.

Maria Anita Ribeiro (2021) afirma que "Bertha é excepcional para a história da humanidade; criou a psicanálise a partir da expressão que cunhou *talking cure*, descobriu que a fala curava seus sintomas, o que levou Freud a escutar suas pacientes histéricas". A importância de Pappenheim para o nascimento da psicanálise é comprovada por Freud e Lacan. É surpreendente a força de sua luta pelos direitos das mulheres, em uma época de guerras e misoginia. Bertha encontrou outras formas de realização de desejo: o ativismo feminismo e a escrita.

1

O CASO ANNA O./BERTHA PAPPENHEIM

Figura 3 – Bertha no início do tratamento com Breuer

Fonte: Padilha (2023)

> *A transferência é a espontaneidade*
> *do inconsciente dessa Bertha,*
> *Não é o teu desejo (Breuer), [...]*
> *é o desejo do Outro.*
>
> Lacan

Anna O. é a primeira paciente dos relatos clínicos do livro *Estudos sobre a histeria* (Freud; Breuer, 2016), um escrito pré-psicanalítico editado em 1895 por Sigmund Freud com Josef Breuer. *O caso da Srta. Anna O.*, foi escrito pelo médico Josef Breuer, que criou o pseudônimo Anna O. com a finalidade de preservar a identidade da sua paciente Bertha Pappenheim. Quando Anna O. começou a ser tratada por Breuer, seu pai estava gravemente enfermo, e ela alternava com sua mãe os cuidados do doente.

Anna O. apresentava os seguintes sintomas: tosse nervosa, estrabismo convergente, grave perturbação da visão, paralisias sob a forma de contraturas nas extremidades do corpo, sonambulismo e outros sintomas crônicos. A paciente apresentava dois estados de consciência que se alternavam: em um deles mostrava-se triste e angustiada, mas relativamente normal, e no outro sofria de alucinações e ficava agressiva. Além disso, manifestou sintomas de afasia, uma profunda desorganização da fala. No princípio, sentia dificuldade em encontrar palavras, e isso se agravando gradativamente. Ela perdeu o domínio da gramática e da sintaxe. Com o passar do tempo, ficou quase totalmente desprovida de palavras, juntava-as penosamente a partir de quatro ou cinco idiomas, tornou-se quase ininteligível. Breuer, que pesquisava doenças psíquicas, diagnosticou como histeria a doença de Bertha Pappenheim.

No relato, os sintomas e a situação da paciente foram apresentados detalhadamente. Bertha também foi descrita como dotada de um intelecto poderoso, com dote poético e imaginativo, controlado por um agudo bom senso. Não sugestionável, era influenciada apenas por argumentos, nunca por meras asserções. Breuer descreveu seu estado de espírito como sempre tendendo a um leve exagero, na alegria e na tristeza. Embora reconhecesse sua vitalidade intelectual, afirmou que "sua noção de sexualidade era surpreendentemente não desenvolvida" (Freud, 1996a, p. 57), o que veio a ser criticado mais tarde por Freud.

Na ocasião, a psicanálise ainda não existia, e a paciente foi tratada pela hipnose e pelo método catártico. Breuer obrigou Bertha a falar sobre o que a atormentava. A mudez desapareceu, no entanto o idioma utilizado por ela era o inglês, sem que tivesse consciência disso. Quando se encontrava em seu melhor estado, com a máxima liberdade, falava francês e italiano. Em momentos de extrema angústia, sua capacidade de falar, porém, a abandonava. A paciente tinha momentos de *absenses* [ausências], em que murmurava algumas palavras e narrava, inicialmente com dificuldade, uma história ou alguma situação triste, até falar o alemão com fluência.

Após a morte do pai, as histórias se transformaram numa cadeia de alucinações apavorantes. Sua mente ficava aliviada depois que ela falava, o que chamou de *talking cure* [cura pela fala] ou, em tom de brincadeira, *chimney-sweeping* [limpeza de chaminé], em Viena, nos primórdios da psicanálise. Bertha levava uma vida monótona, num ambiente familiar de mentalidade puritana, o que propiciou sua doença. Entregava-se a devaneios sistemáticos que chamava de *privat theater* [teatro particular] os quais, segundo Breuer, se converteram na doença.

Breuer resumiu duas características psíquicas que atuaram como causas da predisposição para a subsequente doença histérica da paciente: sua vida monótona, a ausência de ocupação intelectual adequada que a deixava à mercê da atividade constante de sua imaginação, e o hábito dos devaneios, que lançaram as bases para uma dissociação de sua personalidade. A existência de um segundo estado de consciência depois se organizou sob a forma de *Double conscience.* Os dois estados de consciência persistiram até o final do tratamento: o primário, quando ela se apresentava normal psiquicamente; e o secundário, com uma abundância de produções imaginárias e alucinações. Anna O. descreve esses estados como se um observador lúcido e calmo ficasse sentado num canto de seu cérebro contemplando toda aquela loucura ao seu redor. A intrusão do estado secundário no normal sugeriu a Breuer a hipótese de um tipo de psicose histérica. O conceito de inconsciente ainda não havia sido anunciado por Freud.

A recordação de uma cena traumática, quando cuidava do pai, foi destacada por Breuer e Freud (1893/1996a) para a compreensão do sintoma de linguagem: sentada à cabeceira do pai doente, entrou num estado de devaneio e alucinou uma cobra negra que se aproximava para mordê-lo (Freud, 1996a). O braço de Anna ficou dormente e paralisado; quando, aterrorizada, tentou rezar, não achou palavras. Entretanto, lembrou-se de um poema infantil em inglês e pôde pensar e rezar nessa língua. Segundo Breuer, logo após a reprodução dessa cena traumática original no final do tratamento, ela pôde falar a língua alemã normalmente (Freud, 1996a). O relato detalhado se refere a um momento específico do tratamento com esse médico, no entanto alguns sintomas da paciente persistiram. Breuer interrompeu o tratamento de Bertha e encaminhou-a ao Sanatório de Bellevue, na Alemanha.

Retornamos ao início. Em julho de 1880, quando Anna O. tinha 21 anos de idade, seu pai adoeceu, e ela cuidava dele com toda a energia de seu ser (Freud, 1996a). Tal dedicação a enfraqueceu, até que surgiu uma tosse nervosa que a obrigou a se afastar do pai. Em abril de 1881, quando Siegmund Pappenheim faleceu, os sintomas que ela apresentava já haviam se multiplicado, e Breuer a visitava diariamente em consultas domiciliares.

Em 7 de junho de 1881, Breuer transferiu Anna O., contra a vontade dela, para o moderníssimo sanatório de Inzersdorf, ao sul de Viena, em consequência do risco de suicídio em seu apartamento no terceiro andar.

Enquanto esteve internada, doente, afastada e abandonada, Anna O. tinha como único consolo as visitas de Breuer. Na época Freud ainda não havia escrito sobre a transferência erótica, o que faria apenas 30 anos depois. Não há dúvida de que Breuer se dedicava muito à sua paciente. Assim, se justificava a preocupação do médico com o anonimato que levou à crise de ciúmes de sua esposa. Sobre esse fato Lacan (1992, p. 12) afirmou:

> [...] por mais pudico ou inconveniente que seja o
> véu que hoje está em parte levantado sobre aquele

acidente inaugural que impediu o eminente Breuer a dar sequência à primeira experiência da *"talking cure"*, que essa história de amor não existiu somente do lado da paciente em nada é duvidoso.

No texto de Breuer, lemos que Anna O. estaria curada em junho de 1882. Jones (1979), biógrafo de Freud, trouxe a público a história da gravidez histérica, e alguns autores, como Guttmann, se referem à pseudociese como algo ocorrido quando Anna O. estava na Alemanha. Avisado às pressas do estado de Anna O., Breuer a teria encaminhado para Bellevue, sanatório suíço na divisa entre a Áustria e a Alemanha.

São várias as versões desse caso inaugural sobre o fim do tratamento com Breuer. Na nossa pesquisa, decidimos nos guiar por aquela divulgada por Hirschmueller (1978 *apud* Alberti, 2023), biógrafo de Breuer, particularmente porque é a base de muitos textos que aprofundam as questões sobre o caso Anna O.

Anna O. foi internada no sanatório de Bellevue, em Kreuzlingen, em 12 de junho quando estava em Karlsruhe visitando seus primos maternos, Fritz Homburger e Anna Ettlinger. Em 19 de junho de 1882, após notícias recebidas de Karlsruhe sobre a pseudociese, Breuer escreveu para Robert Binswanger a fim de verificar a possibilidade da internação. O tratamento administrado a Anna O. não passava de um tratamento medicamentoso, apesar dos protestos do primo, já que ela estava se tornando uma dependente química.

O que fazia Anna O. em Karlsruhe após o término do tratamento com Breuer? Ainda não se sabia da sua decisão de visitar a família materna, muito menos retrógrada do que no contexto que conhecia de sua cidade natal, o que foi fundamental para transformar Anna O. na Bertha Pappenheim de renome internacional. Anna Ettlinger, sua prima, já era escritora e professora de literatura quando Bertha passou a conviver com ela. Inúmeros contatos intelectuais e políticos na cidade frequentavam a casa. Anna Ettlinger era um expoente pela igualdade de direitos, inclusive pela causa feminista; militava pelo direito da mulher de ter uma vida independente, razão pela qual não se casou e se sustentava ministrando aulas particulares, conferências, além de escrever para jornais.

Quando Bertha chegou a Karlsruhe, em 1883, a Associação já desenvolvia uma série de trabalhos. Anna Ettlinger inspirou e incentivou a prima a tomar a vida com as próprias mãos, incorporando seus valores, além de apoiá-la a escrever seus contos. Bertha interrompeu o curso e voltou a morar com a mãe em Viena (Brenzel, 2004). No período de1883 a 1888, foi internada quatro vezes no sanatório em Inzersdorf. A primeira internação ocorreu oito meses após voltar para casa. Bertha recebeu a visita do Dr. Breuer em agosto de 1883 (Guttmann, 2001, p. 71).

Não há relato de novas visitas de Bertha à família materna, apenas de novas internações em Inzersdorf, em março de 1885 e em junho de 1887, quando esteve internada pela última vez por 18 dias, na tentativa de tratar sua neuralgia e toxicomania. Um ano e meio depois, em 14 de novembro de 1888, Bertha e sua mãe mudaram-se para Frankfurt, onde viveram juntas até o falecimento desta em 1905 (Alberti, 2023, p. 13).

Ao chegar a Frankfurt, Bertha havia incorporado tudo o que tinha aprendido com sua prima, inclusive a decisão de se manter solteira. Além disso, publicou, em Karlsruhe, seu primeiro livro *Pequenas histórias para crianças* (1888).

O QUE É A HISTERIA

De onde surgiu o conceito de histeria? São diversas as explicações. Segundo Roudinesco e Plon (1998), derivada da palavra grega *hystera* [matriz, útero], a histeria é uma neurose que apresenta quadros clínicos muito variados. Sua originalidade reside no fato de que os conflitos psíquicos inconscientes se exprimem de maneira teatral sob a forma de sintomas corporais paroxísticos (ataques ou convulsões de aparência epiléptica) ou sob a forma de paralisias, contratura, cegueira.

TRILHAS DA SUBLIMAÇÃO EM BERTHA PAPPENHEIM: DA HISTERIA À ESCRITA

Conforme Quinet (2005), a noção de uma doença histérica é muito antiga e remonta a Hipócrates (460-377 a.C.), que a descreve como "sufocação da matriz", manifestação da mobilidade do útero [*hystera*]: "Esta afecção sobrevém, sobretudo às mulheres que não têm relações sexuais e às mulheres de certa idade, mais do que às jovens; com efeito, sua matriz é mais leve" (Quinet, 2005, p. 90).

Esse deslocamento da matriz explicaria todas as manifestações histéricas. Ao se dirigir ao coração, a "sufocação uterina" provoca ansiedade, tonteira e vômito. "O tratamento indicado é simples: o coito" (Quinet, 2005, p. 90). Diversas definições de histeria foram dadas ao longo da história, como podemos constatar no livro *A lição de Charcot* (Quinet, 2005). A título de ilustração, citaremos alguns fragmentos desse livro sobre Charcot e a histeria.

Desde o antigo Egito, passando pelo "sufoco histérico" em Hipócrates, as afecções histéricas são estudadas. A partir do século III, por mil anos, não se ouviu falar de histeria. Jesus Cristo se tornou o médico supremo das almas e dos corpos, e o poder do médico ficou subsumido ao poder religioso. Todos esses fenômenos, tidos como demoníacos, foram, no final do século XIX, interpretados por Charcot e a Escola de Salpêtrière como histéricos.

Phillipe Pinel (1745-1826), médico da Salpêtrière, foi o primeiro a libertar os loucos das correntes para tratá-los pela medicina e classificou a histeria como neurose. Wilhelm Griesinger (1817-1868), fundador da psiquiatria alemã, designou a histeria como "doença detestável". Paul Briquet (1796-1881), médico francês, conferiu dignidade à histeria, encarando-a como uma doença das paixões. Para ele, a histeria deve-se "à existência na mulher dos sentimentos mais nobres e mais dignos de admiração" (Quinet, 2005, p. 98). A histeria também foi chamada de "artística" pelo Surrealismo: "a maior descoberta poética do fim do século XIX" (Quinet, 2005, p. 101). Quinet (2005, p. 102) propõe que: "A histeria não é um fenômeno patológico e pode de todo modo, ser considerada como um meio supremo de expressão".

Na concepção freudiana, a histeria é uma defesa contra a recordação (ideia) de um evento traumático de natureza sexual na infância, quando o sujeito tem uma experiência sexual cuja carga de afeto é insuportável e é inconciliável com a consciência. Desse conflito resulta a ideia que é recalcada (isolada de todas as outras) e permanece ativa no inconsciente. Freud se corrigiu em seguida, falando que essas cenas não foram necessariamente vividas, e sim fantasiadas, mantendo, porém, sua carga traumática (Quinet, 2005). As duas principais formas de histeria teorizadas por Sigmund Freud foram histeria de angústia, cujo sintoma central é a fobia, e histeria de conversão, em que as representações sexuais recalcadas se exprimem no corpo, como no caso de Anna O.

Para Guttmann (2001), de 1870 até a Primeira Guerra Mundial, momento conhecido como *Golden age* da histeria, médicos da Alemanha, da França, dos Estados Unidos e da Inglaterra encontraram um aumento desse fenômeno em seus pacientes. Em 1882, na mesma época em que Bertha esteve internada no Sanatório Bellevue, Jean Martin Charcot (1825-1893), médico neurologista francês, investigava os mistérios da histeria, fazia apresentações de pacientes e proferia lições sobre o tema, as quais Freud frequentou no período em que esteve em Paris. Qual a relação de Freud com o caso Anna O.? Qual a importância dessa paciente no nascimento da psicanálise?

FREUD SOBRE O CASO ANNA O.[1]

O caso Anna O. se refere aos primórdios da psicanálise, entre 1880 e 1882. Foi publicado em 1895 nos *Estudos sobre a histeria*, por Breuer e Freud. No entanto, na segunda edição alemã das *Obras completas de Freud* [*Gesammelte Werke* (G W) *Sigmund Freud*], os casos clínicos e os textos de Breuer foram publicados em outro volume da coleção.

---

[1] Na segunda edição alemã das *Obras completas* [*Gesammelte Werke*] *Sigmund Freud* (G W), o caso Anna O. foi publicado separado dos outros, além de textos de autoria de Breuer. Freud escreveu, no prefácio da segunda edição dos *Estudos sobre histeria* [*Studien über Hysterie*] (G W), que, devido ao desenvolvimento e às mudanças de concepção, separou alguns textos pré-psicanalíticos de Breuer, como "O caso Anna O.", paciente de Breuer, que foi editado em outro volume da G W acrescentado sem número.

Na *Edição standard brasileira das obras completas de Sigmund Freud,* a presença de Anna O. é marcada nos textos pré-psicanalíticos "Comunicação preliminar" (1893/1996) e "Estudos sobre a histeria" (1893/1996a) como o primeiro caso clínico escrito em conjunto a Freud. O caso consta ainda em outros textos de Freud, como "Um estudo autobiográfico" (1924/1996o). O texto "Comunicação preliminar" foi escrito e publicado por Breuer em conjunto a Freud, quando a hipnose era o método utilizado para provocar no paciente o surgimento de lembranças da época em que seu sintoma surgiu pela primeira vez. Esse método mostrou que os acontecimentos externos determinavam a patologia da histeria, e ficou evidente que os enunciados do paciente, a cada ataque histérico, eram uma alucinação do mesmo evento que havia provocado o sintoma pela primeira vez.

Um ano após sua publicação, Freud (1996b) escreveu *As neuropsicoses de defesa* sobre o mecanismo da histeria, em que observa que um paciente tem boa saúde mental até a ocorrência de um confronto com uma experiência insuportável, que suscita um afeto tão aflitivo que o sujeito decide esquecê-lo, expulsar aquilo para longe, suprimi-lo.

Consideramos que a rejeição, o "esquecimento" ou impedimento de compreender sua língua materna, pode ser explicado pelo mecanismo de defesa do eu, descrito em *As neuropsicoses de defesa*. Anna O. rejeitou a lembrança de um momento traumático, que causava sofrimento, e, junto a ela, sua representação linguística: a língua alemã. A doença e a morte do pai teriam provocado uma cisão do eu em dois estados de consciência, característica de Anna O. durante sua doença.

No ano seguinte, em 1895, Freud publicou o artigo "A psicoterapia da histeria" como quarto capítulo do livro *Estudos sobre a histeria*. Nele, o médico reitera que as causas determinantes da aquisição de neuroses devem ser buscadas em fatores sexuais e ressalva que diferentes fatores produzem diferentes quadros de distúrbios neuróticos. Comenta ainda brevemente que o caso Anna O. contradiz sua opinião de ser um exemplo de distúrbio histérico puro.

Então, relata outros casos atendidos por ele e destaca as limitações do método catártico, valorizando seu método de psicoterapia.

Em 1909, Freud pronunciou cinco lições sobre sua teoria, a psicanálise, a convite do presidente da *Clark University*, Stanley Hall. Na primeira lição, Freud (1996j) atribuiu o mérito da origem da psicanálise ao médico Dr. Joseph Breuer, que o empregou pela primeira vez no tratamento de uma jovem histérica (1880-1882), isto é, da jovem Anna O. Ele fez um resumo do relato de Breuer sobre essa mulher de 21 anos que apresentou uma série de perturbações físicas e psíquicas mais ou menos graves, além de uma redução da faculdade de expressão verbal que a impedia de falar ou entender a língua materna.

Freud (1996a, p. 33) sintetiza o caso e conclui que "os histéricos sofrem de reminiscências". Seus sintomas são resíduos e símbolos mnêmicos de experiências especiais (traumáticas). Anna O., "em quase todas as situações, teve de subjugar uma poderosa emoção, em vez de permitir sua descarga por sinais apropriados de emoção, palavras ou ações" (Freud, 1996a, p. 34). Freud (1996b) afirmou ainda que onde existe um sintoma existe também uma lacuna de memória que conduz à produção desse sintoma.

No texto *A história do movimento psicanalítico*, Freud (1996t) reviu seu ponto de vista sobre a origem da psicanálise e passou a atribuir a Breuer, pelo uso do processo catártico, o papel de precursor do método cuja verdadeira origem deveria, então, ser atribuída ao próprio Freud, que ressaltava, com isso, a transformação do processo catártico em psicanálise. O psicanalista vienense escreve nesse texto que, 20 anos após o relato do caso Anna O., reconhece-se o simbolismo nele existente: as cobras, o enrijecimento, a paralisia do braço. Se Breuer, segundo Freud (1996a, p. 22), considerava a sexualidade de Anna "não desenvolvida", Freud suspeitava que, após aliviar os sintomas de sua paciente, Breuer teria descoberto outros indícios de uma motivação sexual existente no relacionamento entre a paciente e seu médico durante o tratamento. Esse fenômeno inesperado, nomeado por Freud como "transferência", surpreendeu

Breuer, que interrompeu qualquer investigação subsequente. Freud definiu a importância da transferência sob forma francamente sexual, à revelia do médico ou do paciente, no tratamento das neuroses.

No texto "Um estudo autobiográfico", Freud (1924/1996o) retomou a discussão que havia empreendido em dois trabalhos anteriores: *Cinco lições sobre a psicanálise* (1909/1996j) e *A história do movimento psicanalítico* (1914/1996t), nos quais a psicanálise foi apresentada. Em *Um estudo autobiográfico*, Freud constrói uma nova narrativa subjetiva (autobiográfica e histórica) dos caminhos que percorreu após passar por Paris, Charcot, até se estabelecer em Viena em 1886, como especialista em doenças nervosas.

Freud (1996o) demonstrava admiração por Charcot e relatou que se impressionara com as últimas investigações acerca da histeria, algumas que ele próprio presenciou. A produção de paralisias e contraturas histéricas por sugestão hipnótica tinha as mesmas características que os acessos espontâneos provocados traumaticamente. Revelou, porém, que, antes de ir a Paris, conhecera Breuer, um dos médicos de família mais respeitados de Viena, o qual havia lhe falado sobre um caso de histeria que atendera entre 1880 e 1882, segundo ele, de maneira peculiar.

Freud também ressaltou que, na fase final do tratamento hipnótico com Anna O., "permaneceu um véu de obscuridade que Breuer jamais revelou" (1996o, p. 27). Apesar disso, o que foi revelado e estudado por Breuer sobre esse caso é reconhecido por Freud, que em 1893 lhe propôs lançarem a publicação conjunta *Sobre o mecanismo psíquico dos fenômenos histéricos: uma comunicação preliminar*. Em 1895, lançaram o livro *Estudos sobre histeria*.

Os autores divergiam sobre a etiologia da histeria, e o desenvolvimento que se seguiu levou à transição da catarse para a psicanálise. No texto "Um estudo autobiográfico", Freud (1996o) cita a importância de outros conceitos desenvolvidos e baseados em sua clínica, como transferência, associação livre, resistência e recalque, que culminaram no seu afastamento de Breuer. Freud termina a autobiografia dizendo que, ao lançar um olhar retrospectivo sobre os trabalhos da sua vida, "tem a esperança de ter aberto um caminho para importante progresso em nossos conhecimentos" (Freud, 1996o, p. 72).

É possível notar divergências entre os dois autores: uma posição duvidosa de Freud sobre a conduta de Breuer em relação à paciente Anna O. e a aparente não aceitação de Breuer da etiologia sexual da histeria de Freud, o qual se aborreceu com essa divergência. Na segunda edição de *Estudos sobre a histeria*, ambos comentam em prefácio. Breuer reafirma que nada mudou na sua teoria. Freud (1996j) também ratifica que não modificaria o testemunho das ideias iniciais, bem como recomenda àqueles que se interessarem pelo desenvolvimento da catarse para a psicanálise que lessem os *Estudos sobre a histeria*.

Na edição das obras completas de Freud em alemão, os textos escritos por Breuer foram editados em outro volume. Na segunda edição alemã das *Obras completas, Gesammelte Werke, Sigmund Freud* (*GW*), o caso Anna O. foi publicado separado dos outros, além de textos de autoria de Breuer. Freud escreveu, no prefácio da segunda edição dos *Estudos sobre histeria* [*Studien* über *Hysterie-GW*], que, devido ao desenvolvimento e às mudanças de concepções, separara alguns textos pré-psicanalíticos de Breuer, como ocaso Anna O., editado na *GW*. em outro volume acrescentado sem número.

A seção seguinte trata do ensino de Jacques Lacan (1901-1981), médico psiquiatra e psicanalista que propôs o retorno a Freud. A presença de Anna O. também ocupa um lugar importante no ensino de Lacan, em seus *Escritos* e, principalmente, nos seminários proferidos.

COMENTÁRIOS DE LACAN SOBRE ANNA O./ BERTHA PAPPENHEIM

No *Seminário, livro 8: A transferência de 1960-1961*, Lacan afirma, 65 anos depois de *Estudos sobre a histeria*, que a presença de Anna O. foi determinante na criação da psicanálise. O autor diz que, no começo da experiência analítica, foi o amor, "um começo confuso do encontro de Breuer e Anna O" (Lacan, 1992, p. 12), no caso inaugural do livro *Estudos sobre a histeria*, que fez nascer a psicanálise. Anna O. batizou a psicanálise com a expressão *talking-cure*[cura pela fala], ou ainda *chimney-sweeping* [limpeza de chaminé].

Posteriormente, no *Seminário, livro 9, 1961-1962: A identificação* (2003a), Lacan questiona o que é a neurose senão o deslocamento da fraqueza humana na organização social, que chama o neurótico de "inadaptado". Também diz que temos que aprender com o neurótico, pois é ele que nos revela que seu desejo é o mesmo que o nosso: ele quer saber. Lacan (2003a) afirma: "é ele, [o neurótico] quem introduz a psicanálise. O inventor da psicanálise não é Freud, mas Anna O., e por trás dela muitos outros: nós todos". O neurótico quer saber o que há de real naquilo que chama de paixão, efeito real do significante. Anna O. queria saber o que havia de verdadeiro no amor de transferência?

Em 1964, no *Seminário, livro 11: Os quatro conceitos fundamentais da psicanálise*, Lacan (2008a) aborda os quatro termos introduzidos por Freud: o inconsciente, a repetição, a transferência e a pulsão. Nas referências sobre a transferência, encontramos menções a respeito de Anna O. Lacan se refere a ela pelo nome original Bertha Pappenheim e não deixa de considerar que a paciente foi um dos grandes nomes da assistência social na Alemanha, já que deixou alguns traços na história. Como sabemos, deve-se a ela a descoberta da transferência.

Lacan (1992, p. 149) relata que "Breuer estava [...] com a dita pessoa completamente encantado. Quanto mais Anna falava, melhor a coisa ia. Era a *chimney-cure* desentupimento; e nada de sexualidade, como relatara Breuer". Segundo o autor, a entrada da sexualidade lhe advém com os comentários de Mathilde, sua esposa: "Você se ocupa um pouco demais dela" (Lacan,1992, p. 149). Nessa mesma lição, Lacan afirma que Anna O. mostrava, com manifestações dramáticas, uma pseudociese, isto é, uma gravidez nervosa, que é um sintoma. Destaca também que, nessa ocasião, Breuer viajava com a esposa pela Itália, para salvar seu casamento, e Mathilde engravidou. Lacan (2008b, p. 150), no *Seminário, livro 11: Os quatro conceitos fundamentais da psicanálise* relata o que Freud disse a Breuer: "a transferência é a espontaneidade do inconsciente dessa Bertha. Não é o teu desejo, é o desejo do Outro".

Em 1953, no texto *Função e campo da fala e da linguagem em psicanálise*, Lacan (1998c) volta os olhos para a história da experiência analítica e encontra o que chama de "fala plena". Diferentemente da fala vazia, do silêncio do analista, A fala plena começa na mola do processo terapêutico, na intra-subjetividade do obsessivo, na intersubjetividade do histérico, na análise da resistência e na interpretação simbólica a partir da associação livre. Além disso, retorna ao método instaurado por Breuer e Freud, o catártico, que, logo depois de seu nascimento, foi batizado por Anna O. de *talking-cure*, como já citamos.

Após 40 anos desse seminário, Colette Soler (2006, p. 10-11) faz referência a Bertha Pappenheim:

> Ela soube sublimar sua feminilidade sacrificada, tornou-se mãe dos órfãos que acolhia como advogada e defensora dos direitos da mulher. [...] Sua vocação era, antes, para prostituta e órfã. Passando alegremente da privação assumida ao protesto militante, ela visitou as casas mal-afamadas do Oriente Médio [...] pioneira, negociou de igual para igual com os homens do poder.

Segundo Soler, Bertha permaneceu dilacerada entre os dois nomes, Anna O. e Bertha Pappenheim, que recebeu dos dois Sigmunds de sua vida: seu pai (Siegmund Pappenheim) e Freud (Sigmund Freud), quem a imortalizou ao publicar seu caso em *Estudos sobre a histeria*.

O que aconteceu com essa mulher? O caso Anna O. é um clássico da psicanálise, que Freud não aprovou e não gostou. A despeito disso, Bertha fez uma virada na sua vida. A partir dos comentários de Colette Soler e Lacan, somos levados a citar a pesquisa sobre a vida de Bertha Pappenheim, a fim de aprofundar as questões sobre a histeria, o sintoma, a pulsão e a sublimação.

BERTHA PAPPENHEIM (1859-1936)

Figura 4 – A jovem Bertha

Fonte: Freud and Femininity ([20--])

Nesta seção, realizamos um percurso pela história de Bertha Pappenheim com base principalmente em biografias publicadas em inglês e alemão, pois, até o momento da redação deste texto, não havíamos encontrado publicações em português, com exceção do livro *Mulheres histéricas*, de Vera Pollo (2003).[2]

---

[2] Em 2023, foi lançado o livro: PAPPENHEIM, Bertha. *Do teatro particular ao público*. Tradução de Julia Fatio Vasconcelos. São Paulo: Blucher.

Bertha Pappenheim nasceu em Viena, na Áustria, em 27 de fevereiro de 1859, numa família da alta burguesia judaica com valores ortodoxos[3] (Brenzel, 2004). Sua mãe, Recha, também de família judia, tinha 18 anos quando se casou com o comerciante de trigo bem-sucedido Siegmund Pappenheim, de Pressburg (hoje Bratislava, Eslováquia), que apoiava a ortodoxia judaica com sua fortuna. Recha era da família de banqueiros Goldschmidt em Frankfurt, na Alemanha. Ela era parente do escritor Heinrich Heine. Segundo Dora Erdinger, sobrinha de Bertha e escritora, quando Bertha nasceu, a notícia foi dada sem entusiasmo: "é somente uma menina", a terceira filha; a segunda falecera aos dois anos e, quando Bertha tinha oito anos, sua irmã mais velha também teve o mesmo destino (Erdinger, 1963). Bertha teve um irmão mais novo. A morte de suas irmãs marcou sua vida e as histórias contadas a Breuer como paciente Anna O., depois os contos escritos por ela.

Aos seis anos, Bertha frequentou uma escola particular católica e já sabia ler e escrever. Tinha uma inteligência admirável no aprendizado de línguas: lia e falava ídiche e hebraico (Brenzel, 2004). Segundo informações do boletim do Centro Memorial[4], em Neu-Isenburg, Alemanha, Bertha recebeu uma educação considerada adequada para uma filha de família influente em Viena, no final do século XIX, seguiu uma formação inglesa para meninas [*GirlsSchool*]. Ela foi educada em casa por uma governanta que lhe ensinou como administrar as tarefas domésticas de acordo com as tradições judaicas. Aprendeu a costurar e bordar para preparar seu dote de casamento. Bem cedo já falava inglês, francês e italiano. Frequentou teatro e concertos, todavia foi protegida dos problemas do cotidiano da vida.

Ela mesma relatou:

> [...] acreditava-se que uma boa educação para meninas deveria mantê-las na escuridão do que acontecia fora da vida familiar. A relação entre a pobreza, a doença e o crime eram totalmente desconhecida

---

[3] Do *Israelitische Rabbinats Ordnung, Judenrichter*.

[4] Impresso do boletim de Bertha Pappenheim *Seminar and Memorial Center*, 10, Zepellin Street, NeuIsenburg. Alemanha, 2013.

para as meninas, que eram ensinadas a ver o mundo através de lentes cor-de-rosa (Pappenheim,1898 *apud* Jensen,1984, p. 19, tradução livre).

Diferentemente de seu irmão, Bertha não estudou nas melhores escolas, no entanto foi educada por professores particulares. Quando tinha 21 anos, seu pai adoeceu severamente, com sintomas de tuberculose. Diante da preocupação de Recha com uma tosse apresentada por Bertha, solicitou uma consulta com o médico de família Dr. Joseph Breuer, que a tratou de 1880 a 1882. Após um ano e meio, o médico interrompeu o tratamento de Anna; segundo seu relato, a paciente ficara curada. Em 1895, o caso de Anna O. foi publicado.

Segundo Ernest Jones (1997), Breuer interrompeu abruptamente o tratamento de Bertha e atendeu a paciente uma última vez, quando foi chamado com urgência, pois ela delirava uma pseudociese (gravidez imaginária) e repetia que a criança do Dr. Breuer estava nascendo. Preocupado com o estado da paciente, o médico escreveu ao Dr. Binswanger, diretor do sanatório Bellevue, em Kreuzlingen, na Alemanha. Em junho de 1882, Breuer encaminhou Bertha ao sanatório localizado na fronteira da Alemanha com a Suíça, com uma carta ao Dr. Binswanger dizendo: "minha paciente, que significa muito para mim, estará em breve salva sob seus cuidados" (Breuer *apud* Guttmann, 2001, p. 72, tradução livre).

O sanatório Bellevue ficava em uma mansão luxuosa próxima ao lago de Constance, na Alemanha, e da casa de familiares da mãe de Bertha, em Karlsruhe. A paciente chegou a Bellevue, no dia 12 de julho de 1882, levada pelos primos Anna Ettlinger e Fritz Homburger, e lá permaneceu até o final de outubro. Durante esse período, recusou ver a mãe e o irmão. Embora tivesse sido tratada com *electro therapy* [eletro-choque] em Inzersdorf (o primeiro sanatório próximo a Viena), em Bellevue ela foi poupada dos banhos de jatos de água (*hydro thererapy*), tratamento utilizado para mulheres consideradas loucas (Guttmann, [2001]).

Bertha foi atendida em Bellevue pelo diretor e neurologista--chefe Dr. Robert Binswanger, que usava o tratamento de banhos ou medicamento "cloral" e atividades sociais e culturais, segundo relato de Bertha para Dr. Binswanger em Bellevue (Brenzel, 2004; Guttmann, 2001). Ela escreveu uma carta ao primo Fritz e contou-lhe que era tratada com morfina à tarde e à noite. Os sintomas persistiram, e seu primo a levou para Karlsruhe, onde ficou hospedada pela família. Em novembro de 1882, Bertha frequentou um curso de enfermagem na Associação de Mulheres de Karlsruhe. Estudou literatura com sua prima Anna Ettlinger, escritora e professora, que a incentivou a tomar a vida nas próprias mãos e continuar a escrever e em quem se inspirou. Bertha interrompeu o curso de enfermagem e voltou a morar com a mãe em Viena (Brenzel, 2004).

No período de 1883 a 1888, foi internada quatro vezes no sanatório em Inzersdorf. A primeira internação ocorreu oito meses após voltar para casa. Bertha recebeu a visita do Dr. Breuer em agosto de 1883 (Guttmann, 2001, p. 71).

Entendemos que Breuer se identificava com o sofrimento de Bertha (Guttmann, 2001, p. 71), diante da doença e da morte do pai Pappenheim. Breuer perdera sua mãe, que também se chamava Bertha, aos quatro anos, e seu irmão morrera aos 24 anos, vítima de tuberculose.

Freud, seu amigo e discípulo, conta na carta de cinco de agosto de 1883 à sua então noiva Martha, que encontrou Breuer atordoado com o estado de Bertha, que "envenenava-se com morfina, para se livrar das dores" (Freud, 1883 *apud* Guttmann, 2001, p. 95). Em 1885, ela recebeu alta do sanatório de Inzersdorf, onde foi registrado que a paciente estava curada da histeria e das somatizações.

O que ajudou Bertha na cura dos sintomas? Seria a distância da mãe devastadora ou a inesperada visita de Breuer? Após uma sequência de internações, Bertha Pappenheim escreveu seu primeiro livro, uma coletânea de contos *Kleine Geschichten für Kinder* [*Pequenas histórias para crianças*], em 1888, publicado na Alemanha, para onde se mudou com a mãe. Os primeiros contos remetem ao período da *talking cure* com Breuer. Retornaremos aos escritos de Bertha nos capítulos seguintes.

Segundo Kugler (2002), no conto "Ninfa do lago", do livro *Histórias para crianças*, Bertha tentou fazer uma elaboração literária da separação de Breuer. A primeira escrita do livro de contos para crianças foi um divisor de águas na vida dela. Podemos dizer que ela sublimou, elevou sua condição de doente, vítima de uma educação restritiva e do sofrimento da morte do pai, e transformou tudo isso na sua primeira produção sublimatória. Em 1954, foi publicado na Alemanha um selo postal em homenagem a Bertha Pappenheim, na série Benfeitora da Humanidade, como comenta Alberti (2023).

Hannah Karminski, grande amiga de Bertha, 38 anos mais nova, foi assassinada em 1943, em *Auschwitz-Birkenau* (campo de concentração nazista); todos viveram os horrores daquela época, que Bertha não acompanhou devido a um câncer que acometera a amiga e a levara antes. Hannah permaneceu em Berlim como uma das lideranças da Associação para Judeus na Alemanha. Os laços que a ligavam a Bertha – "Hannah é a jovem mulher que eu esculpi" – eram como os de uma filha, os mesmos que sustentaram todo o trabalho de Bertha com as mulheres judias relegadas, no pouco espaço que tinham na estrutura misógina da época e com cujos cuidados Bertha se ocupou desde que se restabelecera de seus sintomas que levaram a mãe a procurar a ajuda do Dr. Josef Breuer.

A maneira puritana como foi educada, que impunha que tivesse uma visão cor-de-rosa da vida, se associou à difícil relação com a mãe, levando alguns biógrafos a supor que, a partir dessa relação, Bertha aprendeu a depreciar a feminilidade e o papel das mulheres (Alberti, 2023), posição que já estava depreciada de início no seu nascimento pelo fato de ser uma menina.

Nas anotações feitas por Guttmann (2001), encontramos resultados da pesquisa de Evans (2014) sobre o quanto eram retrógradas as sociedades alemãs e austríacas sobre a posição da mulher. Em oposição à relação com a mãe, Bertha endeusava o pai, de modo que, quando ele ficou acamado, inicialmente foi ela que se ocupou dele.

É importante pontuar que Bertha Pappenheim nunca foi atendida por Freud; no entanto Martha, sua esposa, era amiga de

Bertha. O caso Anna O. inaugura a psicanálise com a expressão "talking-cure" [cura pela fala], cunhada pela paciente, porém aqui propomos que a transformação dos sintomas e a mudança subjetiva dela passou pela escrita e pelo ativismo, como veremos adiante.

2

A SUBLIMAÇÃO SEGUNDO FREUD E LACAN

Figura 5 – Orfanato da Liga das mulheres judias

Fonte: Guttmann (2023)

> *Tudo que eu descobri foi que uma única voz,*
> *a voz de uma mulher desconhecida, não produz efeito.*
> *A inesgotável tarefa ainda não foi totalmente cumprida.*
> *Ninguém que saiba que uma injustiça foi praticada*
> *pode ficar em silêncio –*
> *manter o silêncio é ser cúmplice da injustiça.*
>
> Bertha Pappenheim

Atribuímos à sublimação a mudança subjetiva, bem como a cura de Bertha Pappenheim por meio da escrita e do ativismo em defesa dos direitos da mulher. O termo "sublimação" surge pela primeira vez nos escritos freudianos de 1897, no "Rascunho L", intitulado "A arquitetura da histeria". Nessa carta enviada a Fliess, Freud reafirma suas descobertas sobre a histeria (Ribeiro, 1995), denomina arquitetura o que hoje seria chamado de estrutura e explica que tudo remonta à reprodução de cenas do passado. A histérica sofre de reminiscências, mas, segundo o psicanalista mineiro Antônio Ribeiro (1995), nessa carta pode-se ler que existem as fantasias que se erguem à frente dela. Segundo Freud (1893 *apud* Ribeiro, 1995, p. 186): "As fantasias provêm de coisas que foram ouvidas, mas só posteriormente entendidas [...] São estruturas protetoras, sublimações dos fatos, embelezamento destes e, ao mesmo tempo, servem para o alívio pessoal".

A sublimação é um conceito elaborado por Freud (1996i) no ensaio "Moral sexual 'civilizada' e doença nervosa moderna", citado na sua obra a partir de então. Pesquisamos esse conceito também em Lacan, principalmente *no Seminário, livro 7: A ética da psicanálise* (1988) e no *Seminário, livro 16: De um Outro ao outro* (2008c).

Para introduzir esse conceito, iniciaremos com Freud, examinando os conceitos pulsão e *das Ding*, necessários para a elaboração da teoria psicanalítica da sublimação. O conceito *das Ding* é citado por Freud (1895/1996c) no manuscrito "Projeto para uma psicologia científica".

O texto de 1895 parece ser apenas o rascunho de uma correspondência com Fliess, exposição particular – não se trata da redação definitiva de um trabalho científico. O texto foi enviado a Fliess e jamais devolvido. Ribeiro (1995) considera inexplicável que Freud jamais o tenha reclamado. A princesa Marie Bonaparte, que já havia se tratado com Freud, recuperou alguns de seus escritos e os guardou no cofre de um banco para protegê-los de serem eliminados ou queimados pela polícia nazista. Inclusive, os discípulos mais íntimos de Freud somente tomaram conhecimento desse conteúdo após sua publicação em 1950.

Lacan (2008a) trabalhou o conceito de pulsão em seu *Seminário, livro 11: Os quatro conceitos fundamentais da psicanálise,* revisitando os conceitos fundamentais após sua excomunhão da comunidade psicanalítica. Os conceitos trabalhados são a pulsão, o inconsciente, a transferência e a repetição. Vamos nos ater inicialmente ao conceito de pulsão em Freud.

PULSÃO

Pesquisamos nas obras completas de Freud, em alemão *Gesammelte Werke (G W),* no volume *Registros gerais,* sobre o conceito de pulsão [*Trieb*], o qual Freud chama de *Instinktives Wissen* [saber instintivo].

Esse conceito fundamental encontra-se nos seguintes textos de Freud:

- *Três ensaios sobre a teoria da sexualidade* (1905/1996e);

- *Moral sexual 'civilizada' e doença nervosa moderna* (1908/1996i);

- *Os instintos e suas vicissitudes* (1915/1996l);

- *Além do princípio de prazer* (1920/1996n);

- *Conferência XXXII: Ansiedade e vida instintual* (1933/1996p).

No texto *Três ensaios sobre a teoria da sexualidade,* Freud reúne um extenso e detalhado estudo sobre a sexualidade. Priorizamos as partes desse escrito relacionadas aos temas pulsão, sexualidade e sublimação. Freud (1905/1996e) elabora a pulsão como uma necessidade sexual biológica dos homens e dos animais. Para os homens ele sugere o conceito de pulsão sexual. Na ciência usa-se o termo "libido". Fizemos uma analogia da pulsão com a alimentação, ou fome, numa linguagem popular. Nesse escrito, Freud (2016) chama atenção também para o processo de amadurecimento na puberdade e a atração irresistível de uma reunião sexual, introduzindo dois termos: "objeto sexual", a pessoa a quem se direciona a atração sexual; e o "objetivo (ou meta) sexual", que é a satisfação da pressão. Ele afirma que sua experiência e observação científica demonstram os desvios tanto do objeto sexual quanto da meta sexual.

Há homens para os quais o objeto sexual não é a mulher, mas o homem; e mulheres para as quais esse objeto não é o homem, mas a mulher. Esses homens e essas mulheres eram chamados de "invertidos". Considera-se normal a união dos genitais no ato denominado copulação, que leva à resolução da tensão sexual e satisfação da pulsão sexual. No entanto, Freud observa que, mesmo no ato sexual considerado normal, já se notam os rudimentos que, desenvolvidos, levarão aos desvios chamados de perversões.

Freud (2016) aprofunda os estudos sobre esses desvios sexuais, como o fetichismo, o masoquismo e o sadismo. Ele relaciona algumas perversões às práticas sexuais normais e aborda o hermafroditismo, que não está no escopo desta pesquisa.

Freud (2016) menciona Breuer sobre um trabalho escrito em conjunto a respeito de um procedimento então denominado "catártico", utilizado por eles em 1893. Breuer utilizou o método catártico no tratamento da paciente Anna O., no entanto Freud divergiu da conduta e afirmou que havia somente um meio de conseguir conhecimento da pulsão sexual em pessoas que se encontram próximas das normais – dos chamados psiconeuróticos, acometidos de histeria e neurose obsessiva. Afirmou ainda que o aporte sexual é a mais importante fonte de energia da neurose. O sintoma é a atividade sexual dos doentes, como confirmou Freud pelo número crescente na psicanálise de pessoas histéricas e outros neuróticos, que havia conduzido durante 25 anos.

Verificou-se que os sintomas representam um substituto para impulsos que extraem sua força na fonte da pulsão sexual. Segundo Freud (2016), o caráter histérico denota um quê de recalque sexual que vai além da medida normal. Há uma intensificação das resistências à pulsão sexual, como vergonha, nojo e moral; como uma fuga pulsional ante a consideração intelectual do problema sexual.

De acordo com Freud, na concepção popular, a pulsão sexual na infância está ausente e desperta somente no período da vida que designamos como puberdade. Esse erro tem graves e sérias consequências, pois devemos a ele principalmente nosso atual desconhecimento das condições fundamentais da vida sexual. Um estudo aprofundado das manifestações sexuais infantis provavelmente revelaria os traços essenciais da pulsão sexual na época da infância, como afirma Freud (1996d) no ensaio "Lembranças encobridoras", no qual buscou solucionar um dos problemas ligados às primeiras recordações de infância. Freud faz referência à peculiar amnésia que esconde da maioria das pessoas os primeiros anos da infância e questiona por que nossa memória fica tão atrás em relação às nossas outras atividades psíquicas. Não pode se tratar de um verdadeiro desaparecimento das impressões da infância, mas de uma amnésia semelhante à que observamos nos neuróticos em relação a vivências posteriores, cuja essência consiste num mero afastamento da consciência (recalque). Freud relaciona esse esquecimento ao enigma da amnésia histérica.

A SUBLIMAÇÃO SEGUNDO FREUD

O conceito de sublimação aqui tem importância fundamental. A afirmação de Colette Soler (2003) sobre Anna O. motivou a pesquisa de que Bertha soube sublimar sua feminilidade sacrificada. Onde Freud escreve sobre a sublimação?

Freud (1905/1996e) supõe que, no processo que nomeia de sublimação, as forças pulsionais sexuais se desviam para novas metas e adquirem fortes componentes para todas as realizações culturais. Acrescenta que esse processo ocorre no desenvolvimento do indivíduo, em que se pode situar o começo no período de latência sexual da infância. Na fase da latência, iniciam-se as atividades ligadas ao saber e à pesquisa – pulsão de saber ou pulsão de pesquisar –, quando a vida sexual da criança atinge seu primeiro florescimento, dos 3 aos 5 anos de idade. Sua ação, por um lado, corresponde a uma forma sublimada de apoderamento e, por outro lado, trabalha com a energia do prazer de olhar. No entanto, suas relações com a vida sexual são particularmente significativas, pois a psicanálise nos ensinou que a pulsão de saber das crianças é atraída cedo e com imprevista intensidade pelos problemas sexuais – talvez seja despertada por eles (Freud, 1905/1996e).

Freud chama de enigma da esfinge: quando aparece na criança a ameaça de suas condições de existência, com a vinda suposta ou sabida de uma nova criança, o temor de perder cuidados e amor, como resultado disso, torna a criança pensativa e sagaz. O primeiro problema de que ela se ocupa é este enigma: de onde vêm as crianças? Freud (1907/1996h) disserta sobre as teorias do nascimento e acrescenta que muitas pessoas podem se lembrar de haver se interessado bastante, na época anterior à puberdade, pela questão da origem dos bebês. No terceiro ensaio, ele disserta sobre as transformações da puberdade. Com o advento da puberdade, introduzem-se as mudanças que levarão a vida sexual infantil à sua configuração definitiva normal. A pulsão sexual, que era predominantemente autoerótico, encontra agora um objeto sexual.

No ensaio "Moral sexual 'civilizada' e doença nervosa moderna", no qual disserta mais sobre o conceito de pulsão, Freud (1996i) afirma que a investigação analítica nos ensina que a pulsão sexual é formada por diversos constituintes ou pulsões parciais. O trabalho da cultura exerce uma enorme força para aqueles que conseguem encontrar formas para deslocar a meta ou o objetivo da pulsão sem perder sua intensidade. Nesse momento, Freud (1996i) se refere a essa capacidade de sublimação como a mudança de um objetivo inicialmente sexual em troca de outro não sexual.

No início de *As pulsões e seus destinos*, Freud (2015) esclarece sobre a importância dada pela ciência ao uso claro de conceitos fundamentais precisos. A verdadeira atividade científica inicia-se com a descrição de manifestações claras. No entanto, uma definição clara não corresponde à pulsão, pois tal conceito é obscuro. Freud aproxima a pulsão de um estímulo para o psíquico e nos lembra: ao contrário do estímulo, as pulsões não provêm do exterior, mas atuam como uma força constante, conceito fronteiriço entre o psíquico e o somático. Ribeiro (2015) pontua que pulsão indica um movimento sem destino fixo.

Freud (1915/2019) estabelece quatro destinos para a pulsão: (a) a transformação em seu contrário; (b) a volta ao próprio eu; (c) o recalque; e (d) a sublimação. Os elementos ligados ao conceito de pulsão também são quatro: (a) *Drang* (pressão); (b) *Ziel* (meta ou objetivo); (c) *Objekt* (objeto); e (d) *Quelle* (fonte) da pulsão. Na sublimação, o objetivo é desviado, e os objetos podem ser variados.

Em *Além do princípio de prazer*, Freud (1996n) introduz o conceito de pulsão de morte, que é inerente à constituição psíquica. O mal-estar parece não poder ser transposto por esse destino pulsional. Freud (1996n) comenta que, até aquele momento, a essência da sua investigação havia sido a diferença nítida entre pulsão de autoconservação do eu e as pulsões sexuais. A pulsão de autoconservação exerce pressão no sentido da morte, enquanto as pulsões sexuais exercem pressão no prolongamento da vida. A partir dessas construções, Freud (1996n) introduz a oposição entre pulsão do eu e pulsão de morte.

Aqui citamos a produção freudiana de 1933, *Conferência XXXII: Ansiedade e vida instintual*, em que Freud expõe a concepção da angústia [*Angst*] e as pulsões fundamentais da vida anímica [*Seelenleben*] e aborda os tipos de angústia, além de citar a organização da libido. Freud afirma que tal afeto, na experiência analítica, revelou uma conexão com a economia libidinal da vida sexual. A libido insatisfeita é transformada em angústia. No entanto, na sublimação, a modificação da finalidade e a mudança de objeto levam em conta nossos valores sociais. Os objetivos (meta) da satisfação são inibidos, desviados de sua finalidade, e as relações com seu objeto podem ser variadas.

A SUBLIMAÇÃO SEGUNDO LACAN

Lacan propõe, no *Seminário, livro 7: A ética da psicanálise* [1959-1960] a definição de sublimação como elevação do objeto à dignidade de *das Ding*, da Coisa. A ênfase não recai no distanciamento daquilo que é da ordem do sexual. Lacan (1988, p. 198) afirma: "O jogo sexual mais cru pode ser objeto de uma poesia, sem que se perca, no entanto, uma visada sublimadora". O objeto deve ser alçado à dignidade de *das Ding*, da Coisa, caracterizando-se a sublimação como uma produção que evidencia o vazio, cerne de toda criação.

Lacan (2008a) retoma os quatro termos elementos da pulsão a partir do grafo proposto no *Seminário, livro 11*: *Os quatro conceitos fundamentais da psicanálise*. Na borda da zona erógena, está a fonte [*Quelle*] da pulsão, de onde parte o *Drang*, a força de trabalho que ela representa. O objeto [*Objekt*] é segundo Freud, o que há de mais variável na pulsão e possibilita a satisfação. É nesse lugar que Lacan (2008a) inscreve o objeto pequeno *a*. Qualquer que seja esse objeto, não é aquele adequado, mas um mero substituto para possibilitar o objetivo da pulsão que, como disse Freud, é produzir a satisfação.

Ribeiro (2015) se refere a Lacan (2008a) concluindo que o encontro com o objeto é o encontro com o oco, com o vazio do objeto. A satisfação da pulsão está no retorno e no recomeço, em sua própria insistência, na compulsão à repetição.

Lacan (1988) dedicou uma parte de seu *Seminário, livro 7*: *A ética da psicanálise* ao problema da sublimação, em que apresentou a legitimidade freudiana de *das Ding*. Para tal, foi buscar referência no texto *Entwurf* [*Projeto*] sobre esse *das Ding*, essencial no pensamento freudiano, que trata desse "interior excluído", "excluído no interior" ou objeto perdido para sempre e essencial para a organização psíquica.

Lacan retorna à sublimação em Freud como uma forma de satisfação da pulsão, desviada do seu alvo [*Ziel*] e diferente do recalque. Comenta que em "Sobre o narcisismo: uma introdução", Freud (1996k) acentua a diferença entre sublimação e idealização. A idealização faz com que a identificação do sujeito ao objeto intervenha diferentemente da sublimação. O objeto, no registro imaginário, especifica as direções, uma parte de atrativos. Uma vez que o objeto lhe interessa por ser, mais ou ser menos, sua imagem, o objeto não é a Coisa [*das Ding*]. Na sublimação, a satisfação é diferente do seu alvo e tem relação com *das Ding*, distinta do objeto. "A sublimação eleva o objeto à dignidade da Coisa" (Lacan, 1988, p. 141).

Lacan faz alusão à sublimação do objeto feminino a partir da teoria de Minne, ou do amor cortês e outros contos, como o círculo das preciosas e dos preciosos, no início do século XVII, veiculado por uma literatura, em que há um conjunto de imagens que reflete nossas relações com a mulher.

Lacan (1988) desenvolveu o conceito de sublimação, em que o objeto é inseparável de formações imaginárias e culturais. Retorna ao final do século XI, na Europa, ao exercício de uma moral, outra ética, um estilo de vida com regras de dominação– o amor cortês. O objeto feminino, a dama, é objeto de louvor da submissão, e os sentimentos estereotipados do adepto do amor cortês têm valor de representação da Coisa. A psicanálise explica o fenômeno do amor cortês como uma obra da sublimação nas relações entre os sexos, em que há um paradigma da sublimação, em que se eleva o objeto à dignidade da Coisa.

Lacan (1988) nos mostra que, no amor cortês, o objeto feminino, a Dama, é apresentado com caracteres despersonalizados, e todos os autores parecem se dirigir à mesma pessoa, que jamais é qualificada por suas virtudes reais e concretas. Devemos, inclusive, nos interrogar quanto ao papel exato dos personagens de privação, da inacessibilidade, tal como *das Ding*.

A existência de um vazio, impossível de ser preenchido, é o que caracteriza o lugar de *das Ding*, para o qual alguém sugeriu a Lacan a analogia com o vacúolo (Lucero; Vorcaro, 2013). Ele é criado no centro do sistema de significantes requintados, que servem ao princípio do prazer. A sublimação se caracteriza por esses rodeios, que implicam uma nova forma de lidar com o desejo. "O objeto é aqui elevado à dignidade da Coisa" (Lacan, 1988, p. 141).

Pesquisamos sobre a sublimação, as repetições, as viagens e a luta insistente pelos direitos da mulher em Bertha Pappenheim, no seu desejo de elevar a feminilidade à dignidade de *das Ding*, destino pulsional.

Alguns anos após o seminário da ética, Lacan (2008c) retorna ao conceito de sublimação, no *Seminário, livro 16: De um Outro ao outro*, e acrescenta outras contribuições. No início, ele volta a insistir que o inconsciente (de Freud) é estruturado como uma linguagem– e trabalha também a sublimação. Lacan cita Gilles Deleuze, seu leitor e quem deram continuidade a seu trabalho em dois livros capitais: *Diferença e repetição* e *Lógica do sentido*. A propósito da sublimação, Lacan no *Seminário, livro 16, 1968-1969* aborda dois aspectos. Cita *Sobre o narcisismo: uma introdução*, em que Freud (1996k) evoca a relação da idealização no objeto [*Am Objekt*], e a sublimação liga-se essencialmente ao destino, ao avatar das pulsões.

A sublimação, como já mencionado, é o quarto destino anunciado por Freud em *As pulsões e seus destinos*, em que a pulsão é situada como uma montagem de quatro termos: a fonte [*Quelle*], o impulso [*Drang*], o objeto [*Objekt*] e o alvo ou objetivo [*Ziel*]. Esse alvo é o que está em questão, porque na sublimação a pulsão fica inibida quanto ao objetivo e elimina o objetivo sexual.

Lacan diz que habitualmente as obras que apreciamos aquelas que têm valor social, são produzidas pelos autores à custa de sua satisfação sexual– substituição obscura. A sexualidade, no campo psicanalítico, constitui um horizonte, mas sua essência está muito mais longe. Nem seu saber, nem sua prática são esclarecidos ou modificados por tal horizonte. Em Bertha Pappenheim, o enigma da sexualidade, se expressa velado no semblante de feminista, na escritora, na mãe dos órfãos e na defensora de mulheres judias rejeitadas.

A psicanálise demonstra que a lógica do sexo decorre de um único termo: a castração. Tanto no homem quanto na mulher, toda a normatividade se organiza em torno da transmissão de uma falta. Lacan (2008c) retoma o desenvolvimento realizado no seminário sobre a ética da psicanálise, em que articula a dialética do prazer, que comporta um nível de estimulação a um tempo buscado e evitado, que implica a centralidade de uma zona proibida. Em tal zona, o prazer seria intenso demais, algo que Lacan denomina de "campo do gozo"; o gozo é tudo que decorre da distribuição do prazer no corpo.

Ainda *no Seminário, livro 16: De um Outro ao outro*, Lacan (2008c) retorna ao texto do primeiro relato de um caso clínico que se apresenta sob a figura da histérica. Interroga-se sobre o que acontece com a relação entre a *talking cure* [cura pela fala] termo inventado pela própria Anna O., e o sintoma a designar, no caso da histérica. Nele alguma coisa se esvazia no nível do corpo: há um campo em que a sensibilidade desaparece, e a motricidade também pode se tornar ausente. O antianatomismo do sintoma histérico foi destacado por Freud. É o próprio corpo, nesse caso, que vem servir de suporte num sintoma original, que está na origem da experiência analítica. Quanto ao progresso operado pela *talking cure*, Freud está no lugar de um Outro. Lacan (2008c) comenta que é no nível desse psicanalista que se instaura um certo sujeito. Sem o ouvinte Freud, o sujeito não apareceria.

O limite íntimo dessa distribuição, em determinada época, foi designado como "vacúolo", como mencionamos anteriormente. A proibição no seu centro constitui o que nos é mais próximo, embora seja algo externo – que se trata da palavra "êxtimo", criada por Lacan (2008c). Esse neologismo nos remete ao significante *das Unheimliche*, que Freud classifica como "o estranho mais íntimo".

Freud criou o termo "das Ding", que Lacan retoma como algo absolutamente primário, como a função do *Nebenmensch*, o homem mais próximo, ambíguo por não saber situá-lo. O que é próximo é a imagem intolerável do gozo. Esse sentimento de um mal-estar insuportável nos leva ao conceito freudiano *das Unheimliche*, muito difícil de traduzir. A seguir, nos dedicaremos a esse conceito, tão importante na obra de Freud.

DAS UNHEIMLICHE, O INFAMILIAR, O ÊXTIMO

Qual é a relação da sublimação com o estranho ou *das Unheimliche*? Freud (2019) pesquisou a tradução desse conceito em várias línguas. O dicionário grego traz "estrangeiro", "estranho"; em inglês consta *unconfortable* [desconfortável], *uneasy* [inquietante]; em francês, *sinistre* [sinistro]; e em espanhol, *sospechoso* [suspeito].

Lacan (1988), no seminário sobre a ética, associa o objeto da sublimação com o *das Ding* freudiano. Além disso, define que sublimar é elevar o objeto à dignidade de *das Ding*. No *Seminário, livro 16*,

Lacan (2008c) associa o objeto da sublimação ao êxtimo. É aquele objeto mais íntimo e proibido, insuportável, que nos remeteu ao conceito freudiano *das Unheimliche*, aquele mais conhecido e estranho. A mais recente tradução desse conceito para o português, por Chaves e Tavares (2018), sugere *infamiliar* como título desse ensaio.

Segundo Freud (2019), o psicanalista raramente se interessa por questões estéticas e não se restringe ao belo, ele mostra interesse na doutrina das qualidades do nosso sentir, nas camadas da vida anímica. Ademais, escreve que é possível se interessar por um domínio específico da estética, questão negligenciada pela literatura: o infamiliar [*das Unheimliche*], algo que diz respeito ao aterrorizante, ao que suscita angústia e horror.

Na dificuldade do estudo do infamiliar, Freud (2019) diz que Jentsch sublinha que a sensibilidade para esse tipo de sentimento é encontrada em diferentes graus, em diferentes pessoas. Freud propõe dois caminhos para investigar o que significou a *Unheimliche*. No desenvolvimento na língua, a palavra "infamiliar" contém um núcleo que coincide com aquilo que angustia. *Unheimlich* também remete ao velho conhecido, há muito íntimo, porque seu significado é o oposto de *Heimlich,* doméstico, familiar, íntimo.

Freud conclui que algo seria assustador porque não seria conhecido. O que é inovador torna-se facilmente assustador e infamiliar, porém nem tudo que é novidade amedronta. Em relação ao novo e ao não familiar, não confiável, deve haver algo para convertê-lo em infamiliar. Freud escreve que Jentsch encontrou na incerteza intelectual a condição essencial para que esse sentimento se mostre. O infamiliar seria propriamente algo do qual nada se sabe. Segundo a observação de Schelling, o *Unheimlich* [infamiliar] seria tudo o que deveria permanecer oculto, em segredo, mas que veio à tona (Freud,2019).

O infamiliar é, antes de tudo, uma sensação. O sujeito se depara com uma questão que o remete à outra, mas ele não sabe o que é, percebe apenas que se trata de algo já visto ou já vivido, não localizável exatamente. Freud (2019) chega a relacionar o *Unheimlich* a um afeto, algo recalcado que retorna e só pode se tratar de angústia. Lacan

(2005) também relaciona o infamiliar com a angústia. A presença de um objeto onde não esperávamos (re) encontrá-lo preenche o lugar da falta que mobiliza o sujeito e permite a emergência do desejo. A presença desse objeto (desejado) é a presentificação da própria falta.

O que há de infamiliar nos atos sublimatórios e nos escritos de Bertha Pappenheim? O que deveria permanecer em segredo, mas veio à tona e foi desvelado por ela? Aqui apontamos o estranho *Unheimlich* na sexualidade feminina, na luta pelos direitos da mulher, na recusa dos direitos das prostitutas ou no lugar da mulher na religião judaica ortodoxa.

Bertha escreveu contos, artigos e uma peça de teatro. Destacamos aquela em que a autora atuou: *Direito feminino*, de 1899, em três atos, publicada sob o pseudônimo de P. Berthold. Como Bertha lidou com a privação de ter nascido mulher judia numa família que apoiava a ortodoxia? Seria sua relação com a arte e a escrita uma forma de lidar com a privação? Será que a arte, para ela, operou no sentido de elevar o objeto, a feminilidade, o feminismo à dignidade da Coisa? Onde a escritora encontrou tanta força para sua luta?

Além da história de Bertha como a paciente Anna O., apresentamos suas produções, seus escritos, suas traduções, seu ativismo, suas viagens na luta contra a escravidão branca, pelo direito da mulher e dos órfãos judeus. Bertha Pappenheim fez do seu nome uma causa, que defendeu até o fim da vida: criou o *Heim*, um lar para mulheres judias na Alemanha, na época do nazismo. *Heim* refere-se a lar, moradia, um abrigo protetor. Pappenheim é o nome herdado do pai. Ficou conhecida na psicanálise como Anna O., paciente de Breuer, o primeiro caso de histeria relatado no livro *Estudos sobre a histeria*, de Freud e Breuer.

Ao ser indagada sobre a psicanálise, Bertha comentou:

> A psicanálise é para o médico o que a confissão é para um padre católico. Se é um bom instrumento ou uma espada de duas pontas, depende do usuário e como ela é usada. Enquanto eu viver, ela não penetrará no meu estabelecimento (Guttmann, 2001, p. 120, tradução livre).

Podemos interpretar esse comentário de Bertha como uma negação? No ensaio "A negação", Freud (2016) explicou que, na negação, um conteúdo de pensamento ou representação recalcado pode abrir caminho até a consciência, sob a condição de que seja negado. É uma maneira de tomar conhecimento do que está recalcado, significando uma suspensão. Negar algo no juízo significa basicamente que é um assunto que se preferiria recalcar. Freud (2016) esclarece que a negação é o substituto intelectual do recalcamento. O que Bertha recalcou, negou, sobre a psicanálise? Bertha ressentiu a interrupção abrupta do tratamento com Breuer?

O primeiro capítulo do *Seminário, livro 8: A transferência* (Lacan, 1992) tem como título "No começo era o amor". Esse princípio da experiência analítica foi confuso. Segundo Lacan, a criação da psicanálise nasce do encontro de um homem e uma mulher, de Joseph Breuer e Anna O.

RETORNO A LACAN NO *SEMINÁRIO 16*

Lacan [1968-1969] enuncia que não sabemos o que é uma mulher. Ela é desconhecida do lugar, se apresenta, a não ser por representação, como objeto de uma denegação, inapreensível. Na Pré-História, antes do complexo de Édipo, eram feitas pequenas estatuetas de mulheres, que eram guardadas nos cantos. A Vênus pré-histórica era, para os paleontólogos, a representante da representação da mulher. No *Seminário, livro 16: De um Outro ao outro*, Lacan (2008c) retorna à pulsão, que se caracteriza por orifícios nos quais se encontra a topologia de estrutura de borda. A pulsão, por si só, designa a conjunção da lógica com a corporeidade.

Lacan (1988), no *Seminário, livro 7: A ética da psicanálise* [1959-1960], ao abordar a sublimação, deu importância ao que concerne ao amor cortês. Esse amor é uma homenagem prestada pela poesia ao desejo sexual. Freud diz que o amor só é acessível sob a condição de sempre permanecer narcísico. Para ele, a sublimação se dá na própria satisfação da pulsão, numa produção que se caracteriza pela estima que o social lhe devota.

TRILHAS DA SUBLIMAÇÃO EM BERTHA PAPPENHEIM: DA HISTERIA À ESCRITA

Bertha Pappenheim sublimou a satisfação da pulsão pela estima social, na luta pelos direitos femininos e dos órfãos judeus. Bertha foi além do tratamento da *talking cure* com Breuer; após muitas inquietações e internações, se lançou no mundo social, por meio da escrita e do ativismo. Ela foi assistente social e líder no feminismo, defensora da causa feminina e tradutora para o alemão de textos sagrados do judaísmo. No capítulo quatro, apresentaremos sua escrita e seu ativismo.

Nas elaborações de Freud (1996m), o artista consegue a mesma satisfação que o neurótico obtém na fantasia. Segundo Freud (1996g), em seu texto *Escritores criativos e devaneios* – na versão original alemã (*G W*), da editora Fischer, *Der Dichter und das Phantasieren* (*O escritor-poeta e o fantasiar*, tradução livre) –, o trabalho anímico (*seelische Arbeit*) liga uma impressão atual a um acontecimento no presente que despertou um grande desejo da pessoa, tocando as lembranças de vivências infantis precoces, nas quais cada desejo era realizado em uma situação relacionada ao futuro. Esses desejos íntimos podem causar vergonha e precisam se esconder são recalcados no inconsciente. Freud (1996g) esclarece que retornam nos sonhos, como criação e realização do desejo; ele chama essas fantasias de sonhos diurnos. O escritor poeta [*Dichter*] foi comparado ao sonhador diurno. Ele nos apresenta seu brincar, que recebemos no seu jogo [*Spiel*] secreto, em forma de prazer [*Lust*]. Tal brincadeira nos incita a lembrar da fantasia diurna de Bertha, chamada pela paciente de *privattheater* [teatro privado], que relatava a Breuer durante o tratamento, a *talking cure*.

Já no *Seminário, livro 20: Encore - Mais ainda*, Lacan (1985) utiliza uma imagem da natureza para se remeter às reduções da superfície que a escrita impõe. Como a teia que sai do ventre da aranha, assim é o texto, que mostra sua face por meio de seus traços, mesmo diante de seus limites, seus impasses, que fazem alusão ao Real, que se presentifica no simbólico. Em outras palavras, "sua escrita por si só constitui um suporte que vai além da fala, sem sair dos efeitos mesmos da linguagem" (Lacan, 1985, p. 187). Além da *talking cure*, Bertha fez uso da escrita de contos e foi ativista.

53

No pensamento lacaniano, consta o aforismo "a mulher é não-toda", por isso não podemos dizer "A mulher", pois se coloca em questão um gozo que serve à função fálica e é da ordem do infinito. A própria teoria freudiana aponta para um resto que é tratado a partir da questão "o que quer uma mulher?".

3

A PSICANÁLISE, O FEMINISMO – A FEMINILIDADE

Figura 6 – A jovem Bertha

Fonte: Freud and Femininity ([20--])

> *Espero que o ato de escrever o que vi,*
> *tenha me trazido alguma paz.*
>
> BERTHA PAPPENHEIM

A partir do trabalho psicanalítico, Freud (2019) destaca que neuróticos declaram que o genital feminino seria para eles algo estranho, infamiliar [*Unheimliche*]. No entanto, ele acrescenta que esse infamiliar é a porta de entrada para o antigo lar [*Heim*] da criatura humana, no qual cada um, pelo menos uma vez, se encontrou. Nos escritos de Bertha, também há algo de estranho, infamiliar [*Unheimliche*], como veremos no capítulo quatro.

Neste capítulo abordamos a contemporaneidade da psicanálise e o feminismo em Bertha Pappenheim e o que Freud e Lacan falaram sobre a sexualidade feminina, a feminilidade.

Como Bertha Pappenheim lidou com sua feminilidade? Segundo Soler (2005), ela sublimou sua feminilidade sacrificada, foi mãe dos órfãos que adotou e das mulheres judias que acolheu em seu Lar. Aqui buscamos ir além dessa idéia de "feminilidade sacrificada". Bertha subverteu a educação ortodoxa que recebera, conseguiu outra forma de expressar seu desacordo com a situação das mulheres, de não adoecer de uma histeria, nos seus caminhos sublimatórios, com sua escrita e seu ativismo.

O movimento feminista alemão aclamava o direito das mulheres ao trabalho, à educação e ao voto. Bertha Pappenheim inspirou-se na feminista inglesa Mary Wollstonecraft, de quem traduziu e publicou em alemão o texto "Vindication of the rights of woman" [EineVerteidigung der Rechter der Frau], com o pseudônimo Berthold: *A defesa dos direitos da mulher*. Helene Lange, fundadora da revista *Die Frau* [A mulher], comentou que a tradução do texto de Mary Wollstonecraft, de 1792, do inglês para o alemão pode ser considerada uma atualidade (Brenzel, 2004). Bertha admirava as idéias liberais de Wollstonecraft, no entanto, diferentemente de Wollstonecraft, ela se preocupava com a classe baixa dos judeus do Leste Europeu.

Em publicação recente, Iannini Tavares (2018, p. 23) afirmam que, não obstante o aparente conservadorismo da vida familiar de Freud, ele sempre apoiou as causas libertárias de sua época:

> Quando, em 1910, a Sociedade Psicanalítica de Viena revia seus estatutos internos, houve oposição de alguns membros à admissão de mulheres. [...] Freud posicionou-se firmemente a favor da admissão de mulheres. A psicanálise nasceu como o feminismo, na mesma época.

O QUE FREUD E LACAN ESCREVEM SOBRE A SEXUALIDADE FEMININA

Freud escreveu principalmente em dois textos: "Sexualidade feminina" (1931/1996s) e "Conferência XXXIII: A feminilidade" (1933/2018). No entanto, ao tentar entender a mulher diante da pergunta: "o que quer uma mulher?", sugere que perguntemos aos poetas.

Freud (1996r, p. 287) aponta três saídas para a mulher diante da castração: (a) escolher o caminho da neurose, "rejeita a mãe e também boa parte das aspirações sexuais"; (b) optar pelo complexo de masculinidade e se refugiar na identificação com a mãe fálica ou com o pai; (c) optar pela feminilidade, em que a menina renuncia ao amor da mãe e se volta para o pai com o desejo de pênis [*Penisneid*], que é substituído pelo desejo de um filho do pai.

Na "Conferência XXXIII: A feminilidade", Freud (2018) se debruça sobre as questões escritas no texto anterior "Sexualidade feminina" (1931/1996s), em que aborda a "passividade" da mulher, em contraposição à atividade do homem. Apresenta a mulher como um "enigma da feminilidade". Freud (2018, p. 317) questiona a preferência da feminilidade por metas passivas, mas não como passividade: "[...] é preciso uma grande porção de atividade para que uma meta passiva se estabeleça".

Ademais, Freud alerta que não devemos subestimar as normas sociais que forçam a mulher a situações passivas e que tudo isso ainda está muito obscuro. Ele apresenta uma posição crítica sobre a sexualidade da mulher: não se sabe se a feminilidade madura deve ser atribuída à função sexual ou à educação social.

Iannini Tavares (2018) comentam que, nesses dois ensaios sobre a sexualidade, Freud escreve sobre os supostos mistérios femininos. Em "Sexualidade feminina", ele se refere às questões ligadas ao erotismo e ao gozo feminino, além dos obstáculos sintomáticos a ele. Na "Conferência XXXIII", analisa a feminilidade como um modo de a mulher habitar seu corpo, simbolizar sua castração e fazer da falta (de pênis) a condição de desejo pelo homem. Iannini Tavares (2018) cita ainda a ousadia investigativa de Freud: analisando a "pré--história" da mulher, ele encontra não uma feminilidade imatura, mas uma fase de orientação masculina. O primeiro objeto de amor e prazer sexual para a menina é a mãe assim como para o menino.

Kehl (2018) comenta que a descoberta de Freud se revela razoável na experiência da clínica psicanalítica. A sexualidade feminina se constitui sobre uma base de intensa ligação a um objeto do mesmo sexo. No contato com o corpo da mãe, se estabelecem as bases para o desenvolvimento da pulsão sexual tanto em meninos quanto em meninas. Na travessia edípica, o menino passa pela rivalidade edípica com o pai; no entanto, depois a marca do amor à mãe definiria a orientação do desejo sexual masculino. Já para a menina, a questão se complica. Ela parte de uma relação intensa, afetiva e erótica com a mãe, para atravessar o Édipo e se tornar mulher e mãe. Kehl (2018, p. 362) nos alerta: "A famosa frase de Freud, apropriada por Simone de Beauvoir é hoje erroneamente atribuída a ela –'não se nasce mulher, torna-se mulher'– refere-se à árdua elaboração da identificação da menina a seu sexo biológico".

O que Lacan falou sobre a mulher, a posição feminina? De acordo com artigo de Quinet (1995), Lacan se posiciona de modo diferente diante da sexualidade feminina e escreve sobre as formas de amor feminino: é por "não ter o falo" que ela "se torna" o falo. É na ausência do pênis que ela se faz falo, objeto causa do desejo para o parceiro.

Em *Diretrizes para um congresso sobre a sexualidade feminina*, Lacan (1998b) diz que o desejo feminino é escrito como desejo de falo imaginário, pênis fetichizado, uma forma erotomaníaca de amor do lado feminino. Para Lacan, a mulher ama de forma delirante, está suspensa ao Outro. Lacan (1998b, p. 741) afirma: "o homem serve de relais, conector, para que a mulher se torne este Outro para ela mesma, como ela o é para ele". A mulher não é um "eu mesma" para si própria, ela é um Outro para si mesma. Para o autor, a mulher na dialética falocêntrica representa o "Outro absoluto".

Lacan (1998b) propõe um jogo de cena na forma de amar da mulher, em que há um véu: um homem na frente, o parceiro sexual e outro atrás do véu, o amante ou homem morto, representado pelo "íncubo Ideal", como detentor do gozo, pai idealizado, Nome-do-Pai, que se vincula à lei. O gozo feminino é um circuito que parte detrás do véu e culmina no órgão masculino desejado. O gozo feminino se situa mais do lado do amor. Segundo Quinet (1995), a igualdade dos sexos é absoluta no que se refere ao falo. Só que a mulher tem algo a mais, para além do falo: o gozo enigmático, louco, tal como encontrado nos místicos.

Quanto a Bertha Pappenheim, pesquisamos sobre seus atos sublimatórios, seu ativismo feminista, sua luta pelo direito da mulher, na criação, na Alemanha, do lar para mulheres judias menosprezadas e nos artigos publicados em revistas. Uma forma de gozo feminino?

COMO BERTHA LIDOU COM SUA FEMINILIDADE

Bertha Pappenheim recebeu uma educação judaica ortodoxa, na qual a mulher deveria servir a casa, a cozinha e as crianças. No entanto, ao conhecer o outro lado da sua família na Alemanha, onde fez um curso de literatura com sua prima Anna Ettlinger, foi incentivado a fazer a escolha pela escrita, ficar solteira e ser ativista em defesa dos direitos das mulheres. Posteriormente se tornou uma líder feminista das mulheres judias na Alemanha. Sublimou sua feminilidade em favor de sua luta feminista e da defesa dos órfãos e das mulheres judias rejeitadas. Exerceu ativamente sua criatividade, escrevendo contos e artigos em defesa dos direitos da mulher, além de fazer viagens na luta contra a escravidão branca.

A atitude de Bertha e seu ativismo comprovam o que Freud (2018, p. 317) afirma sobre a posição feminina, a feminilidade: "É preciso uma grande porção de atividade para que uma meta passiva se estabeleça".

Bertha Pappenheim transformou seus sintomas de histeria por meio da *talking cure* [cura pela fala] e de seus atos sublimatórios: escrita de contos, relatos de viagens, ativismo feminista, luta pelos direitos da mulher judia, inclusive as prostitutas, escrita de livros e artigos. Seu primeiro livro, uma coletânea de histórias para crianças, foi publicada em 1888, como autor anônimo, após sua mudança para Alemanha. Por que não se identificou?

A FEMINILIDADE E O FEMINISMO EM BERTHA PAPPENHEIM

Figura 7 – Pappenheim entre suas "filhas" no Lar criado

Fonte: Larsen (2004)

O que levou Bertha ao feminismo? Qual foi o comprometimento da pulsão para promover esse ato?

TRILHAS DA SUBLIMAÇÃO EM BERTHA PAPPENHEIM: DA HISTERIA À ESCRITA

No final de 1890, o talento literário, o feminismo e o interesse de Bertha pelo teatro se manifestaram juntos. Enquanto sua carreira literária se desenvolvia, outra cena se revelou. Bertha decidiu devotar sua vida ao trabalho social, após conversar com a diaconisa de um lar para jovens prostitutas. Ao indagar-lhe sobre jovens prostitutas judias, se seriam protegidas também, recebeu a resposta de que, apesar de não haver muitas, eram rejeitadas como "possuídas pelo diabo". A partir dessa conversa, Bertha decidiu dar apoio a essas mulheres, que procuravam ajuda nos serviços cristãos (Guttmann, 2001). Em 1895, ela assumiu tarefas na direção do orfanato da liga de mulheres judias após adoecimento da diretora. No mesmo ano, Breuer e Freud publicaram *Estudos sobre histeria*.

Em 1899, Bertha escreveu a peça de teatro em três atos *Das Frauenrecht* [*O direito feminino*] com o pseudônimo Paul Berthold. É possível aferir que a escrita de contos (1882), tradução e artigos sobre o direito da mulher indicam uma transformação subjetiva? Bertha (1883) transformou o *privat theater* [teatro particular] devaneios relatados a Breuer no tratamento *talking cure,* em uma peça de teatro sobre os direitos femininos.

Em 1901, Bertha foi reconhecida como escritora em uma reportagem da Associação Israelita (Guttmann, 2001). Além de sua carreira como escritora, outra cena crescia ativamente: o trabalho social. Em 1902, como diretora do orfanato de crianças judia, Bertha fundou a *Weibliche Fürsorge* [Assistência para mulheres]. Assim, ampliou seu comprometimento com a previdência para mulheres e judeus. Em seguida, voltou ao serviço para mulheres, pois "os homens sempre e em todas as situações seguem seus interesses particulares" (Guttmann, 2001, p. 138). Segundo Guttmann (2001), é notável observar que a origem da psicanálise e do feminismo judeu se juntou à história de vida de uma mulher: Bertha Pappenheim, de Viena à Alemanha.

As feministas alemãs concentraram a luta em reformas sociais e na educação, como Bertha escreveu, em 1899, na peça *Direitos femininos* [*Frauenrecht*]. Nessa peça, a autora expôs as leis discriminatórias alemãs, a posição da mulher como propriedade do homem e a exploração das mulheres como prostitutas. Ela não só escreveu toda a sua preocupação, mas também participou da encenação da peça.

Em 1902, Bertha participou do primeiro congresso sobre o comércio da escravidão branca em Frankfurt, como representante da Assistência para Mulheres. Frankfurt recebeu a conferência de rabinos, que também lutavam contra a escravidão branca. Ela participou do congresso junto a outros atuantes da Associação Israelita de Mulheres. Assim, soube que várias jovens mulheres judias do Leste da Europa tornavam-se prostitutas e descobriu que os comerciantes judeus estavam implicados nesse mercado. A conferência tratou especialmente do problema das mulheres judias na Galícia.

Bertha e a médica Dra. Sara Rabinowisch se ofereceram para investigar a Galícia, o local e suas condições de vida. A associação enviou-as, por cinco semanas, para pesquisar sobre a situação daquele país. Ao retornar da viagem, Bertha escreveu um relato sobre o que viram intitulado "Sobre a posição da população judaica na Galícia- impressões e sugestões"[5] (Guttmann, 2001). Ademais, resgatou vítimas da escravidão branca e escreveu sobre as dificuldades das esposas abandonadas e mães solteiras. Também defendeu a igualdade política, educacional e econômica.

Bertha comenta em seu relato: "Espero que o ato de escrever o que vi tenha me trazido alguma paz" (1904 *apud* Guttmann, 2001, p. 156). Relatou que teve que se esforçar para enfrentar tamanha miséria, apatia e negligência. Bertha e sua companheira puderam conversar com homens, mulheres, jovens meninas adolescentes e crianças. Ela também ressaltou que o sentimento sobre a beleza entre os judeus parece ter ficado abaixo da opressão espiritual e a terrível pobreza na sua vida diária (Guttmann, 2001).

Bertha não recuou diante desse ato. Escreveu e publicou contos infantis como autor anônimo. Por que não se identificou? Após essa primeira publicação, mudou para outro país. Teria buscado o exílio na Alemanha? O que Bertha buscava nesse outro lugar, um outro lar? Um *Heim*, lar onde se encontrou com o estranho mais conhe-

---

[5] *On the Position of the Jewish Population in Galicia. Impressions and Suggestions.*

cido *Unheimliche* [infamiliar]? Foi por meio da escrita e da busca no exílio que adveio a possibilidade de dar voz a seu ideal humanitário e feminista, com um olhar de fora e de dentro.

Bertha buscou realizar seu desejo por meio da arte e da sua história, como relatara sobre a viagem à Galícia. Por que escrever? No capítulo quatro, abordaremos o primeiro livro de Bertha e sua importância na transformação e mudança para Alemanha, como também o tema da escrita e do ativismo em Bertha Pappenheim, além de outras escritoras da mesma época.

Manso (2007, p. 173) afirma que escrever é um dos recursos de que dispomos para lidar com o trauma ou o real. À mulher era vedado o acesso à escrita da história e, ainda no século XIX, essa profissão lhe era proibida. Segundo as referências da autora, de acordo com Ariès, a disseminação da alfabetização para mulheres se deu apenas no final do século XVIII, na Europa Ocidental. A escrita passou a ser uma forma de lidar com a falta, respondendo à diminuição da angústia de castração, à dor de existir. Manso (2007, p. 176) escreve: "De qualquer modo, escrever, com o sentido de criar e não de copiar, é transgredir, é ir além do dado para se fazer outra coisa".

Kehl (2008, p. 139) também aborda a situação diante da posição da mulher: "Escrever é um dos recursos de que podemos nos valer para inverter, ainda que precariamente, a posição passiva que experimentamos diante da catástrofe, e que nos causa tanto horror". Portanto, escrever impõe algum domínio sobre o real, auxiliando na elaboração da situação traumática.

Manso recorre a Freud (1995, p. 229) sobre a escrita que, assim como outras formas de arte, possibilita uma conciliação entre os princípios de prazer e de realidade, propiciando ao artista completa liberdade aos seus desejos mais eróticos e ambiciosos.

Manso (2007) faz referência ao artigo da revista *Scilicet* (1976) sobre o autor anônimo, que admite que, entre a escrita e o ato, existe um espaço de distanciamento entre aquele que escreve e aquele que lê. E questiona: o que será uma literatura feita por homens ou outra feita por mulheres? São questionamentos feitos, inclusive nesta pesquisa, sobre a escrita de Bertha Pappenheim. Porque ela escreveu o primeiro livro como autor anônimo e, em seguida, adotou o pseudônimo P. Berthold ou Paul Berthold?

Manso (2007), em um texto sobre a escrita feminina, cita o filósofo John Gray: "O que é distintamente humano não é a capacidade para a linguagem. É a cristalização da linguagem como escrita" (p. 174). Também cita Lacan: "Trata-se de saber o que, num discurso, produz um outro efeito da linguagem, que é a escrita" (1985 *apud* Manso, 2007, p. 175).

Manso combina a escrita com o ser mulher. Há um contorno da falta que a pulsão faz, que se dá por meio da escrita. Durante séculos, as mulheres foram obrigadas à posição passiva, forçadas ao exílio no interior de casa e de si próprias.

A escrita como um dos destinos da pulsão se revela aqui e na leitura de textos que envolvem a psicanálise, a literatura e a poesia, como a sublimação?

Abramovitch (2011, p. 72) concorda que "a operação significante da criação introduz, num objeto, a escrita – ou num ato, a capacidade de comemorar ou "re-suscitar", reviver ou recriar um objeto perdido".

Podemos dizer que a possibilidade de Bertha fazer laço social adveio da escrita? Foi necessário o exílio para ela encontrar sua marca? Na escrita de contos, como primeira manifestação artística, anônima, e depois no ativismo e nas viagens em defesa das crianças órfãs e mulheres judias vítimas da escravidão branca, do mercado de mulheres judias?

Numa época em que ninguém ousava fazer algo para defender a mulher prostituta, Bertha elevou sua feminilidade à dignidade de uma causa, tornando-se escritora de vários livros e artigos, bem como se tornou uma forte militante pela causa social. Foi protetora de órfãos judeus e defensores dos direitos das mulheres judias, sobretudo das prostitutas. Concordamos com Soler (2003) quando escreve que Bertha sublimou sua feminilidade sacrificada, tornou--se mãe dos órfãos que acolheu e advogada dos direitos da mulher.

Segundo a autora, a vocação de Bertha era antes para prostituta e órfã; foi pioneira com seu protesto militante, negociava com os homens do poder. Foi uma líder no feminismo das mulheres judias na Alemanha, no final do século XIX.

A não equivalência entre as posições masculina e feminina se deve à divergência entre os seus modos de gozo. Miranda (2017) escreve que, segundo Lacan (2007), uma mulher é sintoma para um homem. Já a mulher é desdobrada em seu gozo: por um lado, relaciona-se com o gozo fálico, caso em que um homem pode ser igualmente sintoma para ela; por outro lado, relaciona-se com o significante da falta no Outro, isto é, entretém uma relação particular da qual se deduz o gozo Outro, o gozo feminino, fora do falo.

A escrita e a poesia podem revelar a não-toda na letra, como faz Adélia Prado (1993, p. 11) no fragmento do poema a seguir.

> Quando nasci um anjo esbelto,
> desses que tocam trombeta, anunciou:
> vai carregar bandeira. Cargo muito pesado
> pra mulher,
> esta espécie ainda envergonhada. [...]
> Mas o que sinto, escrevo. Cumpro a sina.
> Inauguro linhagens, fundo reinos
> Dor não é amargura. Vai ser coxo na vida é maldi-
> ção pra homem.
> Mulher é desdobrável. Eu sou.

A escrita como resultado, como destino pulsional se revela nas palavras de Marguerite Duras (1994, p. 33): "Escrever, essa foi a única coisa que habitou minha vida e que me encantou. Eu o fiz. A escrita não me abandonou nunca". Assim também Bertha Pappenheim fez da escrita sua companheira até os últimos dias da sua vida.

Ela "exercitava sua solidão em reflexões particulares" (Guttmann, 2001, p. 218). Escreveu intermitentemente seu desespero, como no poema de 1911. Manteve seu desejo vivo com a própria constante força da pulsão, com seu particular movimento da sublimação. A seguir apresentamos algumas escritoras que viveram na mesma época de Bertha Pappenheim.

4

BERTHA PAPPENHEIM – A ESCRITA E O ATIVISMO

Não se deve escrever somente para si mesma,
mas para outros,
escrever para aquelas mulheres distantes e desconhecidas
que habitarão o futuro.
Deixemos verem que não fomos heroínas ou heróis,
mas que só cremos ardentemente e apaixonadamente,
cremos em nossas metas, e as perseguimos.
Algumas vezes fomos fortes,
e outras vezes débeis, muito débeis.

KOLLONTAI

O que levou Bertha a escrever? Qual é o comprometimento da pulsão para promover esse ato?

No final de 1890, o talento literário, o feminismo e o interesse de Bertha pelo teatro se manifestaram juntos. Em 1895, ela assumiu tarefas na direção do orfanato da liga de mulheres judias, após o adoecimento da diretora.

Na sua infância, Bertha leu contos, além de textos de escrituras sagradas judaicas da Tora, em iídiche e em hebraico. Ela fez uso da língua, da arte e da escrita de vários modos: em cartas, contos, traduções, peças de teatro, poemas. Podemos chamar de literatura, sublimação ou de letra? Que nome dar a seus escritos?

Sobre a sublimação, em alguns escritos, perguntamos se não indicaria um ponto de letra, segundo Lacan, no sentido de marca subjetiva, de litoral entre gozo e saber. Na perspectiva lacaniana, esse tema será desenvolvido no capítulo cinco, no percurso por alguns dos escritos de Bertha – dos contos para crianças em 1888 até relatos, traduções e o texto mais conhecido, *Trabalho de Sísifo* [*Sisyfus-Arbeit*], reeditado e publicado em 1924.

A ESCRITA E A LITERATURA NA VIDA DE BERTHA

O caminho de Bertha Pappenheim como escritora se inicia em 1888, com o primeiro livro *Histórias para crianças*, publicado como autor anônimo. Foi um divisor de águas na sua vida. Os contos infantis remetem ao período da *talking cure* com Breuer, cujo relato testemunha que Anna O. lhe contava histórias "à moda de Andersen" (Breuer, 1999). Nos primeiros contos, Bertha expressa, de forma literária, a separação de Breuer, segundo Kugler (2002). Na nossa leitura, Bertha expressa o desejo (fantasia) de se casar e ter filhos.

Essa hipótese se justifica pelas fantasias e pelos sintomas após a última sessão da *talking-cure*, quando Breuer interrompeu o tratamento e viajou com sua esposa. Bertha viajou para a casa dos parentes na Alemanha, com os quais se identificou, por não serem retrógrados, diferentemente da educação ortodoxa que recebera do pai. O episódio da pseudociese (gravidez psicológica) ocorreu em 1882, na permanência de Bertha na casa do primo, que avisou ao médico Joseph Breuer, que, por sua vez, encaminhou-a ao sanatório Bellevue. Depois do tratamento, Bertha passou um tempo na casa dos primos e teve aulas de literatura com a prima Anna Ettlinger, que a encorajou com a escrita.

Depois de uma série de internações e da alta do sanatório Inzersdorf, Bertha se mudou para a Alemanha com a mãe. Ao chegar a Frankfurt, ela havia incorporado tudo o que tinha aprendido com sua prima, inclusive a decisão de se manter solteira. Já tinha escrito seus primeiros contos e, em 1888, publicou-os no livro *Histórias para crianças* [*Kindergeschichten*], uma coletânea de três contos.

HISTÓRIAS PARA CRIANÇAS

No conto de fadas *"Die Weihernixe"* ["A ninfa do lago"], Bertha narra a história de uma ninfa que mora nas profundezas de um lago.

Ao ler seus escritos, encontramos narrativas que remetem à sua vida, sua inteligência e sua criatividade, bem como ao período de tratamento com Breuer, como podemos ler no fragmento a seguir.

> O vento movia a superfície do lago e as nuvens de neve corriam pelo céu e espalhavam as irrequietas ondas. Então, de repente as *ondas cresceram turbulentas* e uma pequena ninfa emergiu com uma expressão facial atenta para escutar. Atraída para a superfície do lago pelo intrigante som, olhou timidamente ao seu redor e encontrou o olhar de uma cabeça de pedra esculpida na fonte na beira do lago, que zombava dela de uma forma maliciosa, como se falasse que ela ousara deixar sua casa escura. [...] A pequena ninfa fixou o olhar na casa onde pessoas bailavam vislumbradas através da brilhante luz das janelas, o que não deixava dúvida de que seres humanos estavam perdidos no prazer da dança. [...] *Movida quase inconscientemente por seu desejo*, mas ainda resistindo, a ninfa foi se arrastando para mais perto da costa. [...] Tudo parecia *tão incompreensível e, no entanto, compreendido*. Por um longo tempo a pequena ninfa permaneceu no seu esconderijo sem ser notada. A estranha atmosfera, o tórrido calor, a luz, o perfume das flores, tudo conspirava para aturdi-la, deixando-a incapaz de pensar, presa ao *desejo* que a possuía em toda a sua força: que alguém viesse e a conduzisse na dança. De repente encontrou-se vestida no seu longo vestido branco, com os cabelos soltos esvoaçantes... então alguém se aproximou: um homem alto e bonito, uma longa barba emoldurava sua face, na qual olhos azuis demonstravam amor e delicadeza. A ninfa não o fitou. Ele tomou-a em seus braços e saíram velozes em melodias mais sedutoras do que quaisquer outras ouvidas antes [...] Dançaram por um longo tempo sem falar e em paz, mais uma vez e outra também, mergulhando no redemoinho até que os últimos casais desapareceram e a música terminou. [...] O homem foi dominado por um estremecimento e a

> abandonou. Ela fugiu, esperando retornar ao seu lugar, o lago [...] A tempestade de neve varria seus cabelos e o vento rasgava suas vestes. A pequena ninfa se afundou fraca e exausta no chão, sua cabeça encostada contra a rocha. [...] Após um tempo, o sol começou a ganhar força e a neve derreteu. Então a cabeça de pedra esculpida na fonte viu algo delicado, uma pequena planta florescendo perto da rocha na beira do lago: era uma *Schneeglöckchen*[6] (Pappenheim 1888 *apud* Guttmann, 2001, p. 101, tradução livre).

Nesse conto, Bertha escreve como se recriasse a *talking cure* de forma fantasiosa, falando sobre a ninfa que, "sem pensar ou refletir", "tudo incompreensível e compreensível", foi "movida inconscientemente por seu desejo [...] juntou-se aos humanos que se divertiam. Um homem a pegou para dançar, e dançaram por um longo tempo sem falar e em paz, mais uma vez e outra também", "mergulhando no redemoinho".

Considera-se o conto "A ninfa do lago" um ato literário, uma sublimação. Segundo Kugler (2002), Bertha tentou fazer uma elaboração literária da separação de Breuer. Na nossa hipótese, ela sublimou sua sexualidade sacrificada pela educação ortodoxa e pela impossibilidade de frequentar boas escolas como seu irmão. A escrita lhe possibilitou satisfazer a pulsão de outra forma, fantasiou o desejo de participar ativamente do mundo dos humanos e encontrar com mais pessoas, sublimou.

De onde procede a necessidade dessas fantasias? Encontramos em Freud uma pista. Na "Conferência XXXII: Ansiedade e vida instintual", Freud (1996p) diz que, levado pela pressão da necessidade externa, o homem é obrigado a renunciar a uma variedade de objetos, cujo fim está voltado para a busca de prazer. No entanto, não renuncia sem alguma forma de compensação. Todo desejo tende a se afigurar em sua própria realização. Na impossibilidade de realizar a satisfação das pulsões, Bertha devaneia, cria histórias. Devanear sobre realizações de desejo traz satisfação, embora se trate de algo

---

[6] "Gota de neve" nome de uma planta que, ao brotar, anuncia o fim do inverno na Alemanha.

não real. Na atividade da fantasia, o ser humano continua a gozar da sensação de ser livres da pressão externa.

Segundo Freud (1996g), um aspecto da vida da fantasia é um caminho que leva de volta a realidade, isto é, o caminho da arte. Os artistas sofrem de uma inibição parcial, devido à neurose. Sua constituição conta provavelmente com uma intensa capacidade de sublimação e determinado grau de frouxidão nas repressões, o que é decisivo para um conflito. Bertha apresentou sua capacidade de sublimação na criação dos contos para crianças.

Freud afirma que um verdadeiro artista (escritor) tem o misterioso poder de moldar determinado material até que se torne imagem fiel de sua fantasia, possibilitando a outras pessoas obter consolo e alívio para suas próprias fontes de prazer em seu inconsciente. Por meio da fantasia, o artista consegue transmitir o que originalmente alcançara apenas em sua mente. Bertha sublimou sua sexualidade por meio da realização da fantasia nos contos, no seu trabalho como ativista e na proteção de mulheres e órfãos judeus. Pode-se dizer que ela sublimou, elevou sua condição de doente, vítima de uma educação restritiva e do sofrimento da morte de seu pai, e a transformou em sua primeira produção sublimatória.

A frase "movida quase inconscientemente por seu desejo" não é de conto de fadas, comenta Alberti (2023), pois inclui uma relação com a teoria psicanalítica. É surpreendente, no entanto, que esse conto de Bertha foi publicado em 1888, ou seja, bem antes de as bases da teoria psicanalítica ter sido formulada, além de ter sido o primeiro caso da psicanálise, como muitos autores consideram. Como diz Lacan (2003a) no *Seminário, livro 9: A identificação*, "o inventor da psicanálise, não é Freud, mas Anna O., e por trás dela muitos outros: nós todos".

Ainda da coletânea *Histórias para crianças*, o conto "Na terra das cegonhas" ["Im Storchenland"] narra a história da menina Camilla, que está noiva de um rapaz de origem humilde. Os dois combinam que, antes de se casarem, ele viajaria para o exterior a fim de trabalhar e retornar como um homem rico. Enquanto isso, Camilla passaria o tempo costurando seu enxoval. O noivo viaja por anos, ela termina o enxoval, mas ele não retorna. Desolada com a idéia de renunciar ao desejo ardente de ter filhos, ela muda-se para um bairro com muitas famílias e ajuda as mães a cuidarem das crianças. No entanto, a cegonha não lhe traz um bebê. Um dia recebe a visita de um grande pássaro negro que a avisar que, na terra das cegonhas, a líder morrera. Ao observar o cuidado e o carinho que Camilla dedicava às crianças, a convida para conhecer o lugar onde elas nascem então faz um longo voo até a terra das cegonhas. Era espantosa a criação do nascimento dos bebês, que nasciam das árvores. Solicita-se que alguém coloque ordem na entrega dos bebês, e Camilla aceita a proposta de permanecer e cuidar do destino de cada um que ali nascesse. Curiosamente, o trabalho de Bertha, em 1890, foi num orfanato da Associação de Mulheres Judias na Alemanha (Guttmann, 2001).

Nesse conto, nota-se algo *Unheimliche*, a sensação de estranheza de imaginar bebês nascendo de árvores, brotando como um tronco ou um fruto da árvore, sem nenhum contato humano na entrega. Como a estranheza de alguns contos de fada, Freud (1996m) também se interessou pelas teorias infantis, os mitos, os contos e a neurose, como escreveu sobre a inquietante questão na infância de onde vêm as crianças, no texto "Moral sexual 'civilizada' e doença nervosa moderna". As teorias infantis se formam, segundo o psicanalista, em pensamentos infantis e podem ser interessantes para a compreensão dos mitos e contos de fadas. Além disso, são indispensáveis para a concepção da própria neurose, pois influenciam a formação do sintoma (Freud, 1996m).

As crianças tomam a existência de dois sexos entre os seres humanos como ponto de partida para suas pesquisas sobre os problemas sexuais. O desejo do conhecimento surge sob o estímulo de pulsões egoístas quando a criança é surpreendida pela chegada de um novo filho na família ou quando observa esse fenômeno em outros lares. A criança expressa sua hostilidade ao rival e, sob a motivação desses sentimentos e preocupações, começa a se ocupar com o primeiro problema existencial, perguntando a si mesma:

"De onde vêm os bebês?" Parece que ouvimos o eco dessa primeira pergunta em inúmeros enigmas dos mitos e lendas. Essa questão é, como toda pesquisa, o produto da urgência da vida.

As crianças não se satisfazem com as respostas dos adultos, como indica a mitologia dos países alemães, segundo a qual a cegonha traz os bebês aos lares após buscá-los na água, elas se recusam a crer nessa teoria. Dessa maneira, têm a primeira oportunidade de viver um conflito psíquico, em que suas concepções dão preferência a suas pulsões e não são consideradas corretas pelos adultos, transformar em *"Spaltung"* [dissociação psíquica] e suas concepções não devem ser consideradas pelos adultos, tornando-as, com isso, recalcadas e inconscientes. Assim se constitui o complexo nuclear de uma neurose [*der Kernkomplex der Neurose*] (Freud, 1996m).

O conto "Na terra das cegonhas" remete a Freud, às teorias sexuais infantis. Na segunda teoria infantil, o nascimento da criança pela vagina é ignorado. Bertha reinventa o nascimento em outra terra [*Land, Storchenland*], em que as crianças nascem das árvores. Seria na terra do "inconsciente"? As histórias que influenciaram a formação do sintoma em Anna O. (uma das causas da doença seria o hábito de devaneios, seu teatro particular) também teriam curado posteriormente seus sintomas?

Como Freud (1919/2019, p. 95) cita em "O infamiliar" [*Das Unheimlich*], um exemplo da sua clínica a partir do trabalho psicanalítico, que ocorre com frequência homens neuróticos descreve o corpo, o ventre da mulher como algo *Unheimliche* e declara que o genital feminino seria, para eles, algo infamiliar [*Unheimliche*] No entanto, esse infamiliar [*Unheimlich*] é a porta de entrada para o antigo lar [*Heim*] da criatura humana, para o lugar onde cada um, pelo menos uma vez, se encontrou.

A escrita de Bertha constitui uma espécie de sublimação, definida por Freud em 1915 como um dos destinos da pulsão. Como disse Soler (2005), Bertha sublimou sua sexualidade sacrificada, criou contos em que sua fantasia de ser mãe é realizada na personagem Camilla, que, sem saber, antecipa o primeiro trabalho exercido em Frankfurt, em um orfanato para crianças judias.

A ESCRITA E O ATIVISMO FEMINISTA

O conhecimento de línguas e o contato com a leitura de livros e revistas proporcionaram a entrada de Bertha no mundo da escrita e em outras culturas. Em 1899, ela traduziu do inglês para o alemão o texto da feminista inglesa Mary Wollstonecraft sobre a reivindicação dos direitos femininos. Essa tradução foi publicada na revista *Die Frau*. Naquele ano, Bertha escreveu sob o pseudônimo Paul Berthold a peça de teatro *Direitos femininos* [*Frauenrecht*], que encenou e na qual atuou. Ela continuou escrevendo contos como Paul Berthold e escreveu vários artigos sobre a situação das mulheres judias para revistas e jornais.

Em 1907, após a morte de sua mãe, Bertha viajou para a Rússia, a fim de defender as crianças judias órfãs do pós-guerra. Na volta da viagem, criou na Alemanha o primeiro lar para mulheres judias e seus filhos *Das Heim des Jüdischen Frauenbundes in Neu-Isenburg* (1907-1942). Pioneira da assistência social na Alemanha, Bertha dedicou sua vida à causa feminista e humanista.

Em 1902, junto a outros membros da Associação Israelita de Mulheres, Bertha participou do primeiro congresso em Frankfurt sobre o problema do mercado de mulheres judias, a escravidão branca. Ela representava a instituição que fundara – Weibliche *Fürsorge* [Assistência para mulheres].

Nossa hipótese de que Bertha curou seu sintoma pela escrita [*writing cure*] e pelo ativismo se confirma ao longo da vivência de momentos difíceis no enfrentamento da misoginia, do patriarcado, da guerra e do antissemitismo. "Espero que o ato de escrever o que vi, diante de tanta miséria, apatia, abandono e negligência com a população judia, me traga um pouco de paz"[7] (Pappenheim, 1904 *apud* Guttmann, 2001, p. 153).

Bertha relata a atividade dos bordéis e o mercado de mulheres e meninas que aguardavam por um encontro fortuito e se submetiam ao comércio sexual na Galícia. Narra que sua cidadania austríaca e sua

---

[7] "I hope that de act of writing down what I saw has brought me some peace".

origem judaica, ortodoxa, assim como os dez anos de experiência no trabalho de cuidado aos pobres, justificam sua viagem para realizar essa investigação. Após o falecimento de sua mãe, em 1905, aos 75 anos, Bertha viajou para Rússia onde ficou até 1906, em busca de mulheres e crianças judias vítimas do pior *pogrom* [holocausto] em 1903 (Guttmann, 2001).

HEIM – LAR DA LIGA DE MULHERES JUDIAS

Figura 8 – O Lar para mulheres Judias em Neu-Isenheim, Alemanha

Fonte: Guttmann (2023)

Em 1907, ano em que o antissemitismo crescia, Bertha fundou o Lar da Liga das Mulheres Judias (*Heim des Judyschem Frauenbundes*–JFB), em Neu-Isenburg, para mulheres solteiras e seus filhos ilegítimos. Segundo Alberti (2023), na época em que criou o lar, já havia na Alemanha muitos lares para mulheres, mas nenhum judeu. O *Heim* de Pappen*heim* foi particular, respondendo ao que Lacan observa quanto à sublimação: "É às expensas de suas satisfações sexuais que os autores, quaisquer que sejam produzem suas obras que apreciamos e que assumem valor social – valor sublimado pelo próprio Freud" (Lacan, 2008c, p. 368). Lacan continua: a sublimação é característica da pulsão sexual, "pois tem o poder de substituir seus objetos originários por outros de valor mais elevado que não são sexuais".

Alberti (2023) confirma nossa hipótese de que toda transformação como a de Bertha Pappenheim se deu em decorrência da sua possibilidade de escrever, atividade que nunca mais deixou de exercer e que a notabilizou devido aos textos que pôde construir a partir de seu trabalho na assistência social junto a mulheres judias.

No trabalho de escrita de Bertha, houve sublimação da sua vida erótica, que foi ao encontro de uma "sublime-ação", quando o foco dos seus textos passou a produzir informações sobre a situação social de refugiados judeus e do tráfico de mulheres, na sua busca de salvá-las. Soler (2003) observou que Bertha Pappenheim soube sublimar sua feminilidade sacrificada, tornou-se mãe dos órfãos que acolhia como advogada e defensora dos direitos da mulher. Acrescentamos que Bertha sublimou com sua escrita e seu ativismo. Segundo Freud e Lacan, ela fundou a psicanálise. Além disso, com seu compromisso com a causa política social, é também precursora da assistência social.

Glückel Von Hameln

Figura 9 – Antecedente de Bertha

Fonte: Jewish Women's Archive (2024)

Em 1910, Bertha Pappenheim traduziu, do iídiche para o alemão, a história autobiográfica de sua descendente Glückel von Hameln, que viveu de 1645 a 1724 (Brenzel, 2004). Graças a seu dom original, Glückel sustentou seu povo, sua família e a si própria com sua crença. Bertha identificou-se com Glückel e transformou-a em seu modelo, um papel encenado na sua própria vida e seu trabalho. Glückel viveu em Hamburgo com seus familiares de origem judaica, comerciantes de objetos valiosos, como jóias e rendas. Foi mãe de

12 filhos, que criou sozinha, devido à morte precoce do seu marido. Ela escreveu sua autobiografia num tempo em que as mulheres eram proibidas de escrever. Em 1910, Bertha traduziu também do iídiche para o alemão, a bíblia judaica da mulher (Guttmann, 2001).

Bertha não recuou diante da escrita: escreveu e publicou contos infantis como autor anônimo. Por que não se identificou? Após essa primeira escrita, mudou-se para outro país. Teria buscado o exílio na Alemanha? O que Bertha buscava nesse lugar? Outro lar? Um *Heim*, lar onde encontrou o estranho mais conhecido *Unheimliche*, infamiliar? Foi da escrita e da busca no exílio que adveio a possibilidade de dar voz a seu ideal humanitário, feminista, com o olhar de fora e de dentro. Bertha buscou realizar seu desejo, por meio da arte e da sua história, conforme seu relato da viagem à Galícia.

SISYFUS-ARBEIT – TRABALHO DE SÍSIFO

Figura 10 – Trabalho de Sísifo, Pappenheim, 1924

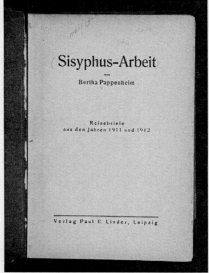

Fonte: Freimann-Sammlung Universitätsbibliothek (2012)

Bertha Pappenheim ganhou projeção internacional pelo seu trabalho de educação vocacional e conseguiu ajuda nacional e internacional para sua causa como fundadora e líder da Liga das Mulheres Judias (JWB). Viajou ao Oriente Médio, à Europa e à Rússia, investigando e pregando contra a prostituição e o comércio de escravas brancas, tema de *SisyphusWerk* [*Trabalho de Sísifo*], uma das suas publicações mais conhecidas.

Em 1924, Bertha reeditou e publicou *Trabalho de Sísifo*, livro escrito em formato de cartas e anotações das viagens feitas entre 1911 e 1912. Esse escrito merece destaque devido a sua importância histórica. O título faz alusão ao trabalho incansável do herói grego Sísifo, que persistentemente empurrava uma pedra para o alto da montanha, tantas vezes quanto essa pedra voltasse a rolar montanha abaixo.

Trata-se de um escrito denso, intenso de comprometimento de Bertha com a causa feminista e em defesa das mulheres judia vítimas do comércio sexual, em parte liderado por comerciantes judeus. No escrito, apontamos algumas passagens – Budapeste, Grécia, Turquia, Tel Aviv, Polônia, Rússia (Moscou) –, nas quais Bertha expõe seu trabalho pela escrita, na luta por sua causa, que sua "personalidade nômade", de origem judia ortodoxa, possibilitou o que viu e registrou.

Bertha inicia o livro se desculpando pelo tempo, 12 anos, para republicar e confessa que estava totalmente chocada em perceber o pouco que conquistou com seu trabalho. Assim, inicia o texto, na esperança de escrever um romance (*novel*), com suas impressões pessoais que compreendiam as questões sociais e éticas daqueles países pouco desenvolvidos. Esperava que suas notas, vindas da voz de uma única mulher, desconhecida, causassem certo movimento.

Nas cartas e notas, as viagens de estudo relatam o sofrimento dos judeus. Bertha pontuou que estava a serviço de um grupo de mulheres de Frankfurt para proteger outras mulheres, meninas e crianças judias, na esperança de que suas notas pudessem desencadear um movimento. Bertha escreve que nada de semelhante jamais acontecera antes, com as mulheres ou em outro lugar.

A primeira nota foi datada de 9 de março de 1911, em Budapeste, onde visitava membros da sociedade judia de mulheres que conhecera no congresso em Londres, em busca de colaboração para a luta contra o mercado sexual, mas foi frustrante, pois as próprias mulheres se submetiam ao poder dos homens que lideravam a sociedade de proteção às crianças.

Na nota 2, de abril 1911, escrita em Saluniki, Grécia, Bertha escreveu o que vira na cidade, além de comentários pessoais e lembranças do pai e da mãe. Ela visitou um bordel onde vira a mulher mais bonita que conhecera e sentia pena porque não entendia como aquela carinhosa flor vendia o que tinha de melhor – seu corpo.[8] Escreveu que esperava sonhar com essa beleza[9] e acrescentou que não se esqueceria do que vira e que seu pai a reprovaria: "sonhos..." e completa com a frase: "gostaria que meus sapatos fossem mais leves" (Pappenheim *apud* Guttmann, 2001, p. 197).

A nota seguinte, de 8 a 14 de abril de 1911, foi escrita em Constantinopla, na Turquia. Bertha fala que visitou uma mesquita, onde ouvira músicas que lembraram a *Schiffsschulen* em Viena, fundada pelo pai, e comenta que ele diria que sua filha não está feliz (casada), e sim ocupada com tarefas que os pais não saberiam nomear. Confessa que às vezes se preocupava, mas "eles não poderiam prever meu crescimento" (Pappenheim *apud* Guttmann, 2001, p. 199).

Em 23 de abril de 1911, a caminho de Jaffa, distrito de Tel Aviv, Bertha descreveu o ambiente no jantar, onde se sentava à mesa ao lado de um doutor orientalista em uma missão do governo alemão para criar algum instituto em Aleppo. Ela o critica severamente pela opinião dele sobre prostitutas, pois, embora nunca as tenha maltratado, só as alertava sobre os cuidados médicos, mas, na opinião de Bertha, ele abusava do seu conhecimento médico. Sua impressão crítica era que esse médico, que vinha de Berlim, era somente um político antissemita.

---

[8] "such a hearty human flower, born in that environment to such a fate".

[9] "maybe I will dream of beautiful Yolanthe".

No dia 25 de abril de 1911, escreveu novamente e declarou um sentimento carinhoso às pessoas de Frankfurt, sentia-se feliz em poder escrever e esperava que elas também se alegrassem com suas cartas. Relatou também sobre "o resultado prático das suas viagens, somente para demonstrar a mim e outros que posso fazer meu trabalho (além de) em Frankfurt, onde não sou popular em círculos influentes" (Pappenheim *apud* Guttmann, 2001, p. 204)

Em 26 de abril de 1911, escreveu no caminho entre Trípoli e Tel Aviv. Fez anotações sobre "um sonho em que contava a sua mãe que dominava dois jaguares, mas mãe não acreditara e mostrei a ela, mas vi que na verdade eram dois gatos" (Pappenheim *apud* Guttmann, 2001, p. 199). Ficou irritada; estava na sala da sua casa.

A nota seguinte foi escrita em Jerusalém, no dia 4 de maio de 1911, e relata situações tensas, discussões sérias sobre o sionismo e a casa para meninas, financiada por judeus alemães. Faz elogios ao espírito de piedade que a cidade inspira que sobrepõe à pobreza e que os hospitais e escolas são gerenciados, na maioria, por grupos contra os sionistas.

No dia 7 de maio, retornou a Tel Aviv, recebeu a notícia sobre a escravidão branca e decidiu formar um comitê contra esse problema.

No dia 23 de maio, Bertha escreveu da Alexandria, Egito, e foi recebida pelo empregado Mr. H, que lhe mostrou a zona dos bordéis. Seu guia apresentou-a às meninas, e Bertha pôde conversar com algumas, inclusive uma árabe que disse estar agradecida, pois ela era a primeira mulher que se interessava em conversar com as mulheres do bordel. Essa conversa foi possível com a tradução de Mr. H.

No ano seguinte, no dia 6 de maio de 1912, Bertha escreveu de Lodz, Polônia, que ficou feliz em ver o trabalho social desempenhado pela livraria do Clube. No mesmo dia, visitou uma senhora que se parecia com a imagem que tinha da *Glückel Von Hameln*, com sua fé, ingenuidade e saudável senso comum dessa judia ortodoxa, e o rabino admirou seu movimento de defesa das mulheres e reconheceu como *Mitzvah* (transição comemorada no judaísmo para meninos). O rabino reconhece seu esforço como um profundo amadurecimento.

No dia 10 de maio de 1912, em Varsóvia, escreveu que se sentia no direito de estar ausente de Frankfurt por tanto tempo e que estava convencida de que não se enraizara no seu trabalho, devido a seu caráter ou classe: "Provavelmente uma falha da minha própria personalidade. O que faz da minha vida nômade mais fácil para mim. Sinto saudades da escrivaninha e, acima de tudo, das minhas rendas" (Pappenheim *apud* Guttmann, 2001, p. 209).

Na nota seguinte, de 24 de maio de 1912, em Moscou, ela revela que considerou essa cidade uma das mais interessantes durante suas viagens. Escreveu sobre as igrejas com as cúpulas de ouro ou de prata, encontrou-se com a condessa [*Countness*] Bárbara, a quem fora encaminhada por um serviçal masculino. Viu móveis, quadros antigos e porcelanas, além de uma mesa com um telefone. Surpreendida com tanta riqueza, comentou (ironicamente): "sinal da vitória do movimento feminista" (Pappenheim *apud* Guttmann, 2001, p. 209).

No dia 26 de maio de 1912, Bertha escreveu uma última nota em Moscou, onde conclui que seu trabalho "é igualmente importantes para todos nós, judeus, no serviço social" (*apud* Guttmann, 2001, p. 213).

Ao escrever, principalmente *Trabalho de Sísifo*, Bertha (1924) esperava ter alcançado, com suas notas escritas e publicadas, o consolo das mulheres judias diante da humanidade.

Diante disso, perguntamos se a escrita como sublimação não indicaria um ponto de letra, no sentido de marca subjetiva, de litoral entre gozo e saber, na perspectiva lacaniana, tema que será desenvolvido mais adiante.

OUTRAS ESCRITORAS – A ESCRITA FEMININA

Por que escrever? Manso (2007) defende que escrever é um recurso de que dispomos para lidar com o trauma ou o real. À mulher era vedado o acesso à escrita da história, tanto que no século XIX essa profissão lhe era proibida. Segundo as referências da autora, de acordo com Ariès, a disseminação da alfabetização para mulheres se deu apenas no final do século XVIII, na Europa Ocidental. A escrita passou a ser uma forma de lidar com a falta, respondendo à diminuição da angústia de castração, à dor de existir. Manso (2007, p. 176) escreve: "De qualquer modo, escrever, com o sentido de criar e não de copiar, é transgredir, é ir além do dado para se fazer outra coisa". Podemos dizer que Bertha transgrediu ao escrever contos para crianças, sua primeira publicação anônima e na tradução do artigo sobre os direitos femininos, com o pseudônimo P. Berthold.

Manso (2007, p. 176) questiona se há algo específico da mulher? E na escrita de Bertha? Há uma escrita feminina? Algumas constantes podem ser inscritas na escrita feminina, como cita Manso, e observamos alguns pontos nos escritos de Bertha: (a) ligação com a autobiografia; (b) temática carregada de turbulências; (c) retorno à questão materna; (d) fascínio pela mulher, que observamos na nota escrita na passagem pela Grécia, bem como o fascínio pela beleza de uma mulher; (e) opção pelo discurso na primeira pessoa; (f) certo apagamento do homem; (g) predileção por um tempo em que nada acontece, ou em que o tempo é cíclico, sempre recomeçando. Verificamos esse aspecto em *Trabalho de Sísifo*, em que Bertha compara com o mito de Sísifo sua luta pelo direito das mulheres judias e contra a escravidão branca.

No livro *A mulher em Viena nos tempos de Freud* (Bertin, 1990) consta que, em todas as épocas, houve mulheres que sonharam sua vida e anotaram muitas vezes em segredo suas fantasias. Elas contavam a história de outras mulheres ou sua própria existência. "Escrever é uma atividade secreta à qual a mulher pode se dedicar, contanto que possua segundo Virginia Wolf, um quarto só para si" (Bertin, 1990, p. 52).

MARIE VON EBNER-ESCHENBACH

Bertin (1990) cita exemplos de mulheres em Viena na época de Freud, como Marie Von Ebner-Eschenbach, nascida em 1830, cuja revelação se deu na adolescência, pela escrita de poemas, romance e comédia, que não tiveram repercussão. Persistiu e tornou-se a escritora mais importante do realismo austríaco. Marie morou em Viena e passava a maior parte do dia em seu castelo na Morávia, como esposa de um marechal, o que não a impediu de ter ideias liberais muito firmes sobre assuntos importantes, sobre as tensões entre as várias nacionalidades do império austro-húngaro, em 1897 – percebido também por outros, a exemplo de Stefan Zweig, Arthur Schnitzler, como em *O início do fim*. Ela não se ilude. Tem uma posição firme e diz que "a situação vai favorecer os antissemitas."

Aos 70 anos, Marie Von Ebner-Eschenbach (nascida em 1830) escreveu a Josef Breuer (*apud* Bertin, 1990, p. 530): "A selvageria e a asneira que reinam atualmente são necessárias. Servem para preparar as pessoas para a guerra mundial que deve ocorrer. Todos afiam os dentes para melhor poderem se devorar reciprocamente". Sua previsão se realizou, e ela morreu em 1916. Em 1900, a Faculdade de Letras de Viena a homenageou com o título de Doutora *Honoris* Causa.

BERTHA VON SUTTNER

Outro destaque foi dado à baronesa Bertha Von Suttner, que nasceu em Kinsky, Praga, em 1843, mas viveu em Viena e levou uma existência errante, o que a fez parecer uma escritora profissional. Já madura, se casou com um homem bem mais jovem do que ela, Gundaccar Von Suttner, cuja família condenou a aliança com a condessa pobre. O casal se afastou para Cáucaso, para onde Bertha foi convidada por uma princesa na Georgia, amiga de sua mãe. Bertha vivia da escrita de um romance sobre as aventuras da sua amiga, cheia de exotismos. Antes de Cáucaso, passou por momentos difíceis em busca de trabalho em Paris. Conheceu Alfred Nobel, inventor da dinamite, que lhe propôs um trabalho de secretária, mas ela recusou por causa do jovem Gundaccar e seus ideais pacifistas. Organizou, em Viena e Berlin, ramos muito ativos na Associação Internacional para Paz.

Em 1889, publicou um romance, *Die Waffennieder* [*Abaixo as armas*], no qual defendeu a tese de que a produção de armamento freia qualquer progresso social e cultural. Ela se converteu em uma combatente pela paz, que correspondeu ao objetivo principal dos pacifistas alemães e teve 30 edições em todo o mundo. Quando Alfred Nobel morreu em 1896, seu testamento revelou as disposições em favor daqueles que faziam trabalhos excepcionais para ajudar ao próximo e a doação inesperada do Prêmio Nobel da Paz. Em 1905, Bertha Von Suttner recebeu o primeiro prêmio com sua obra, que se tornou promotor de seu movimento pacifista (Bertin, 1990).

Helene Deutsch, psicanalista e discípula de Freud, conheceu e descreveu a escritora Bertha Von Suttner como agressiva e ambiciosa. Em sua observação como psicanalista, afirmou que a personalidade de Bertha mostra que sua luta pela paz era uma formação reativa de sua própria agressividade. A personagem representa, segundo a psicanalista alemã, uma mistura de conformismo e energia esmagadora, e Freud decerto diria que era dominada pela parte viril de sua mente (Bertin, 1990).

Na hipótese da nossa pesquisa, a outra Bertha, a Pappenheim, deu um destino sublimatório a sua pulsão, escreveu e atuou como feminista em defesa dos órfãos e das mulheres judias. A escrita opera como um lugar de possibilidade, existência e expressão para a mulher, como no caso da escritora e feminista russa revolucionária Alexandra Kollontai. Na leitura do *Seminário, livro 14: A lógica do fantasma*, de Lacan (2008b), deparamos com a citação da feminista russa Alexandra Kollontai, que encantou Lacan pela força revolucionária e amor às suas ideias emancipatórias e passionais.

ALEXANDRA MIHAILLOVNA KOLLONTAI[10]

Nascida em São Petersburgo, filha de uma família da nobreza latifundiária e escritora, Alexandra Kollontai foi uma das lideranças revolucionárias russas. Estudou regularmente até os 16 anos e aos 20 casou-se com um primo mais pobre.

---

[10] As informações sobre Alexandra Kollontai foram pesquisadas na internet, e o texto foi editado por Solange Engelmann, com base no artigo "Amor e revolução pela emancipação humana", de Andrea Francine Batista.

Em 1896, estudou economia e se aproximou do marxismo, trabalhando sobre o mercado têxtil de Petrogrado. Separou-se do primo e começou uma vida dedicada ao socialismo e às questões da mulher. Em 1918, organizou o primeiro Congresso de Mulheres Trabalhadoras de toda a Rússia socialista e foi responsável pelas bases sociais da questão feminina, de problemas do casamento e da família.

Seus passos abriram caminho não apenas para que a Revolução Russa concedesse às mulheres o direito de voto, condição de igualdade salarial, mas também para liberalizar as relações familiares e sexuais e aprovar o divórcio e o aborto, além de criar benefícios sociais para a maternidade e creches públicas. Conhecida por causa da luta das mulheres pela independência econômica e pelos direitos políticos estudou economia e escreveu *A revolução sexual e a revolução socialista*. As ideias e posições de Kollontai fazem parte da história da Revolução Russa e foram fundamentais para a consolidação do feminino no século XX, unindo reflexões sobre gênero e classe, na teoria e na prática.

Bertha Pappenheim viveu na mesma época e, como Kollontai, tinha ideias revolucionárias, escreveu artigos e foi ativista pelos direitos femininos de voto. Bertha esteve na Rússia em alguns momentos, na luta contra a escravidão branca e na defesa de mulheres judias pobres e rejeitadas, e crianças órfãs. É curioso ler em Lacan (2008b) sobre os meios libertários do começo do século XX, por exemplo, em terrenos revolucionários, em certos grupos e setores, em torno de Lenine, citando a escritora revolucionária Mme. Kollontai, embaixadora em Stockholm, que escreveu encantadores contos, como *Wege der Liebe, drei Erzaehlungen* [*Caminhos do amor – três contos*].

Sua trajetória demonstra que, a cada passo, uma luta revolucionária requer ousadia, constância, coerência e um profundo sentimento de amor. Revolução e amor são as faces da emancipação humana. Kollontai expressa sua arte no amor à escrita.

> Não se deve escrever somente para si mesma, mas para outros, escrever para aquelas mulheres distantes e desconhecidas que habitarão o futuro. Deixemos verem que não fomos heroínas ou heróis, mas

> que só cremos ardentemente e apaixonadamente,
> cremos em nossas metas e as perseguimos. Algumas
> vezes fomos fortes, e outras vezes débeis muito
> débeis (Kollontai *apud* Batista, 2019).

CHARLOTTE PERKINS GILMAN

Nesta seção, abordaremos o caso de Bertha Pappenheim, verdadeiro nome de Anna O., em contraponto com o conto feminista de 1892, *O papel de parede amarelo*, de Charlotte Perkins Gilman. Ambas viveram no final do século XIX e escreviam.

Em artigo sobre o feminismo e a psicanálise, Carneiro Ribeiro (2021) destaca a questão da escrita. Iannini e Tavares (2018, p. 31) recordam que até "um dos aforismos mais conhecidos do século XX", formulado por Simone de Beauvoir "Não se nasce mulher, torna-se mulher" é antecipado por Freud (2018a, p. 318), quase duas décadas antes, quando diz no ensaio "Sobre a sexualidade feminina": "Corresponde à singularidade da psicanálise não querer descrever o que a mulher é – isto seria para ela uma tarefa quase impossível de resolver – mas sim, pesquisar como ela se torna mulher [...]".

Gilman, importante escritora feminista, viveu entre 1860 e 1935. No conto pioneiro *O papel de parede amarelo*, recém-recuperado pelo movimento feminista, narra a experiência de uma mulher jovem, casada, com um bebê pequeno, que se muda com a família para uma casa de férias. Adoecida, talvez se recuperando do parto, é colocada pelo marido num quarto de crianças, forrado com o estranho papel de parede amarelo. É um conto de terror.

Extremamente hábil e bem escrito, o conto narra, na primeira pessoa do singular, o processo de "enlouquecimento" da jovem mulher, trancada e isolada naquele quarto infantil. O marido é sempre retratado como amoroso gentil e atencioso, embora isole a esposa e a impeça de conviver com as pessoas que ama e, principalmente, de escrever, que é o seu grande desejo. O livro termina de forma ambígua, com um crime que libertaria a vítima.

Bertha Pappenheim, imortalizada por Freud nos *Estudos sobre a histeria* como Anna O., ao contrário da heroína anônima do conto, se libertou pela escrita. De fato, Anna O. se apaixonou perdidamente por seu médico Joseph Breuer, que interrompeu abruptamente o tratamento, quando Bertha viajou para a casa de familiares na Alemanha, onde sofreu, delirou uma falsa gravidez. Entre outros casos, levou Freud (1996c) à descoberta da transferência, pensada ainda em 1895 como "falsa conexão". Em *Estudos sobre a histeria*, a transferência é apresentada como uma falsa ligação.

> O desejo assim presente foi então, graças à compulsão que era dominante na consciência da sua paciente, ligado a minha pessoa, na qual a paciente estava legitimamente interessada [...] que descrevo como uma "falsa ligação" – provocou-se o mesmo afeto que forçara a paciente, muito tempo antes, a repudiar esse desejo proibido (Freud, 1996a, p. 314).

Apesar da importância inequívoca de Bertha na história da psicanálise, sua trajetória como "doente dos nervos" foi terrível e quase trágica. Internada sucessivamente pela mãe e pelo irmão, após o malogrado tratamento com Breuer, foi submetida a eletrochoque e viciada em morfina, quase a ponto de morrer (Guttmann, 2001). Reunindo todas as suas forças, com o auxílio da prima Anna Ettlinger e mediante escrita, recuperou sua vida.

Em 1902, Pappenheim fundou a "Weibliche Fuersorge" [Assistência à mulher], em Neu-Isenburg, ao sul de Frankfurt, instituição destinada a colocar órfãs em lares adotivos, ensinar mães a cuidar dos bebês e dar orientação vocacional e oportunidade de emprego para moças.

Em 1904, fundou a Liga de Mulheres Judias [JWB-Juedische-Frauenbund] da qual foi a presidente durante vinte anos. Também em 1904 escreveu um relato sobre sua viagem à Galícia, parte pobre da Polônia, para salvar a população de mulheres judias do comércio de mulheres. Relatou: "A minha origem austríaca, o judaísmo ortodoxo, junto aos anos de auxílio aos pobres e o desejo de trazer prosperidade espiritual àquela população justificam essa viagem"

(Pappenheim, 1904 *apud* Guttmann, 2001, p. 112). Bertha também falou sobre a atividade dos bordéis e o mercado de mulheres e meninas submetidas ao comércio sexual na Galícia.

Vale lembrar que ela sublimou sua sexualidade com a militância feminista e a escrita, como declarou no relato da viagem a Galícia: "o ato de escrever o que vi, trouxe-me alguma paz, diante de tamanha miséria" (Guttmann, 2001, p. 153).

Bertha continuou a escrever, publicou a peça de teatro *"Momentos trágicos"* e várias histórias abordando temas relativos ao status da mulher diante do judaísmo e do antissemitismo. Após deixar a presidência da Liga das Mulheres, traduziu narrativas judaicas tradicionais, como a bíblia seiscentista da mulher, de Isaac Ashkenaze, que viveu na Polônia em 1590, além do "Cântico dos cânticos".

Bertha "exercitava sua solidão em reflexões particulares" (Guttmann, 2001, p. 218). Escreveu intermitentemente seu desespero, como no poema de 1911. Mantiveram vivos seus desejos com a própria constante força da pulsão, cada um com seu particular movimento da sublimação.

Vejamos o poema de Bertha (1911 *apud* Alberti, 2023, p. 19):

Mir ward die Liebenicht

Bertha Pappenheim

O amor não foi para mim / *Mir ward die Liebenicht –*

Por isso vivo como a planta, / *Drumlebichwie die Pflanze,*

no porão sem luz. / *Im Keller ohneLicht.*

O amor não foi para mim / *Mir ward die Liebenicht –*

Por isso sou o tal violino, / *Drumtönichwie die Geige,*

cujo arco lhe é partido. / *Der mandenBogenbricht.*

O amor não foi para mim / *Mir ward die Liebenicht* –

Por isso me enfio no trabalho / *Drumwühlich-mich in Arbeit*

e em obrigações vivo me ferindo. / *UndlebmichwundanPflicht.*

O amor não foi para mim / *Mir ward die Liebenicht* –

Por isso gosto de pensar na morte / *DrumdenkichgerndesTodes,*

como amável semblante. / *Als freundliches Gesicht.*

MARGUERITE DURAS

Não poderíamos deixar de incluir a escritora, cineasta e dramaturga francesa Marguerite Duras, chamada de "a imperatriz das letras", que exerceu influência sobre a intelectualidade europeia no pós-guerra. Uma das mais importantes escritoras francesas do século XX, Duras, nascida na Indochina, para onde os pais professores haviam emigrado, foi autora de mais de 80 títulos entre ficção, teatro, roteiros e argumentos de filmes, vários deles dirigidos por ela mesma.

O que Duras chama de incoerência traz a força de sua escrita, como na homenagem feita por Lacan (2003b), na qual ele depura letra a letra o texto de Duras *O arrebatamento de LolV. Stein* [*Le ravissement de Lol V. Stein*] (1964), reconhecendo que "ela mostra saber, sem mim, o que eu ensino" (Lacan,2003b, p. 198). E completa: "quem tirou Lol V. Stein do túmulo? Pois foi um homem, foi Lacan" (Saliba, 2014 p. 179).

NOTAS SOBRE BERTHA: A ESCRITA, O TRABALHO SOCIAL E A PSICANÁLISE

Depois de verificadas as biografias de Bertha Pappenheim, a paciente Anna O. e a escrita de Bertha, reafirmamos nossa hipótese inicial sobre a determinação da escrita, além do tratamento pela fala [*talking-cure*] na vida dela. Nossa hipótese é de que toda a transformação – de Anna O. a Bertha Pappenheim – se deu em decorrência da possibilidade de escrever, atividade que nunca mais deixou de exercer e que a notabilizou pelos textos que pôde construir a partir de seu trabalho na assistência social junto a mulheres judias pobres.

Bertha Pappenheim é hoje conhecida como Anna O., a primeira paciente de *Estudos sobre a histeria* (Freud e Breuer) como feminista, pioneira na assistência social e fundadora da Liga Alemã da Associação de Mulheres Judias [Bund Deutsche Frauenvereine–BDF, 1893] que liderou até a sua morte, em 1936.

5

LACAN E OS ESCRITOS DE BERTHA – DA SUBLIMAÇÃO À LETRA

> *Marguerite revela sem saber,*
> *aquilo que ele próprio ensina*
> *que a prática da letra converge*
> *com o uso do inconsciente*
> *e que dá testemunho*
> *ao lhe prestar homenagem.*
>
> LACAN

Abordamos o escrito e a letra no ensino de Lacan, com base na lição III – "A função do escrito, do Seminário, livro 20: Mais, ainda" (1972-1973) e na lição VII – "Lição sobre Lituraterra, no Seminário, livro 18: De um discurso que não fosse semblante" (2009). Pesquisamos também outros escritores psicanalistas que trabalharam sobre esses conceitos, a fim de entender a força transformadora da escrita de Bertha Pappenheim, além da sublimação, até chegar à letra, conforme a teoria lacaniana.

A LETRA SEGUNDO LACAN

No ensino de Lacan, outros autores que abordam a letra em seus escritos, como Ritvo, Quinet, Alberti, Mandil, Manso, Caldas e Castelo Branco.

Ritvo (1997), em conferência sobre o conceito da letra, confessa que é um tanto quanto confusa a diferença entre letra e significante. Há dois pólos de atração: um que tem a ver com marca no corpo, e outro que é o matemático - matema [*mathema*], a letra explicada no *Seminário 20: Mais ainda* (Lacan, 1985).

Ritvo (1997) quer ter como referência a letra como significante e como letra pulsional, portanto, pré-consciente. Há uma letra relativa ao inconsciente, que se constitui no nível do significante, e outra letra, a pulsional. É importante esclarecer de qual letra está falando, já que Lacan, em seu ensino, muda sua referência ao conceito de letra.

A LETRA E *LITURATERRA*

Em resposta à encomenda da revista *La Psychoanalyse*, Lacan (1998a) situa a letra entre o escrito e a fala, como escreve no texto *A instância da letra no inconsciente ou a razão desde Freud*, no qual diz que o psicanalista recebe da fala seu material, seu instrumento, em que o escrito se distingue por uma prevalência do texto, assumido aqui, por esse fator do discurso, para além dessa fala, situando a psicanálise entre o escrito e a fala.

O sentido da letra – para além da fala – é toda a estrutura de linguagem, que a experiência psicanalítica descobre no inconsciente. Aqui a letra é tomada ao pé da letra. Letra, como suporte material, que o discurso concreto toma emprestado da linguagem. A linguagem, com sua estrutura, preexistem à entrada de cada sujeito no momento de seu desenvolvimento mental. Seu lugar já está inscrito em seu nascimento, nem que seja sob a forma de seu nome próprio.

A chegada de Bertha Pappenheim ao mundo, na sua família com padrões judeus ortodoxos, como mulher, não foi muito bem-vinda. No entanto, ela transformou seu nome herdado do pai *Pappen*, em sua causa feminista [*Heim*]: a criação do primeiro lar [*Heim*] para mulheres judias na Alemanha.

Na *Lição sobre Lituraterra* no *Seminário, livro 18*, Lacan (1971, p. 105) revela sua originalidade, inventa a palavra *Lituraterra*, fazendo uso da língua e da literatura. A primeira perspectiva da letra do ensino de Lacan, em *Escritos* (1953/1998) parece evocar a materialidade do significante em seu *Seminário* sobre *A carta roubada*, de Edgar Allan Poe, jogando com o equívoco entre letra e carta. A dimensão da escrita aparece vir subordinada à relação entre psicanálise a literatura. É o próprio Freud quem inaugura essa via, diante da constatação de que, sob certos aspectos, as obras literárias antecipam as descobertas da psicanálise. Freud (1996m) se entrega à investigação sobre as possíveis conexões entre o saber do escritor e o saber inconsciente. Como lemos em textos da análise da *Gradiva*, de Jensen e as reflexões em *Escritores criativos e devaneios* [*Der Dichter und das Phantasieren*].

Em *Lituraterra*, Lacan (2003d, p. 24) diz:

> É a letra [...] que serve de apoio ao significante, segundo sua lei de metáfora – é do outro lugar – do discurso, que ele a pega na rede do semblante. [...] o sujeito é dividido pela linguagem, como em toda parte, mas um de seus registros pode satisfazer-se com referência à escrita, e o outro, com a fala.

É curioso que, em seu primeiro livro *Histórias para crianças*, no conto "A ninfa do lago", Bertha Pappenheim (1888) narra com palavras termos que remetem à psicanálise, como inconsciente, desejo.

> A pequena ninfa fixou o olhar na casa onde pessoas bailavam vislumbradas através da brilhante luz das janelas, o que não deixava dúvida de que seres humanos estavam perdidos no prazer da dança. [...] Movida quase inconscientemente por seu desejo [...] Tudo parecia tão incompreensível e, no entanto, compreendido. Por um longo tempo a pequena ninfa permaneceu no seu esconderijo, sem ser notada. [...] presa ao desejo que a possuía em toda a sua força – somente para que alguém viesse e a conduzisse na dança. De repente encontrou-se vestida no seu longo vestido branco, com os cabelos soltos esvoaçantes [...] então alguém se aproximou: um homem alto e bonito, uma longa barba emoldurava sua face, na qual olhos azuis demonstravam amor e delicadeza. A ninfa não o fitou. Ele a tomou em seus braços e saíram velozes em melodias mais sedutoras do que quaisquer outras ouvidas antes... Dançaram por um longo tempo sem falar e em paz, mais uma vez e outra também, mergulhando no redemoinho, até que os últimos casais desapareceram e a música terminou (tradução livre).

Do conto escrito por Bertha em 1888 no livro *Pequenas historias para crianças* (Guttmann, 2001 p. 101)

Esse fragmento, "mergulhando no redemoinho", indica, além da sublimação, um ponto de letra, do lugar de litoral entre o gozo e o saber.

A LETRA E A FUNÇÃO DO ESCRITO: NÃO-TODA

Na lição IV "O amor e o significante", do *Seminário, livro 20: Mais, ainda*, Lacan (2010) propõe situar a função do escrito. A partir da coletânea *Escritos*, que, segundo ele, não se lêem facilmente, Lacan faz "uma confidência que, ao escrever *Escritos*, eles não eram para serem lidos" (1972-1973/1998, p. 91). No entanto, nesse seminário, a letra se lê no prolongamento da palavra, que se lê literalmente.

Lacan (1985) fala que, graças ao escrito, manifesta-se o feito de discurso analítico que "não há relação sexual", ela só se sustenta pelo escrito, porque não se pode escrever a relação sexual. Há certo efeito do discurso, que se chama a escrita. Graças à escrita, ela não fará objeção a essa primeira aproximação, pois é pela escrita, que ela mostra ser uma suplência dessa "não-toda" sobre a qual repousa o gozo da mulher. Esse gozo, em que a "não-toda" se encontra, está ausente enquanto sujeito. Ele encontrará aí a rolha, esse pequeno *a*, que será seu filho. Bertha *Pappenheim* permaneceu solteira, mas no Lar [*Heim*] que criou (objeto pequeno *a*), recebeu seus filhos: órfãos e filhas que protegia.

O GOZO FEMININO

Freud escreveu sobre a sexualidade feminina, principalmente em dois textos: "A sexualidade feminina" (1931) e "Feminilidade" (1933). Freud sugere que perguntemos aos poetas a fim de tentar-mos entender a mulher diante da feminilidade. Lacan se posiciona de modo diferente diante da mulher (Pardini, 2019). Quinet (1995), se referindo a Lacan (1958), escreve que é por "não ter (falo)", que a mulher "se torna" o falo. É na ausência do pênis que a mulher se faz falo, objeto causa do desejo para o parceiro. Lacan (1958) disse que a mulher, na dialética falocêntrica, representa o "Outro absoluto".

Na Alemanha, no final do século XIX, época em que ninguém ousava fazer algo para defender a mulher judia prostituta, Bertha Pappenheim elevou a feminilidade à dignidade de uma causa, tornando-se escritora de vários livros e artigos, além de militante pela causa social, foi protetora de órfãos judeus e defensora dos direitos das mulheres judias, principalmente as prostitutas.

A partir do último ensino de Lacan (2012), sobretudo no *Seminário, livro 19: ...ou pior*, a questão do Real se tornou dominante. Em 1953, Lacan apresentara em uma conferência, a famosa tríade: Simbólico, Imaginário e Real. A partir de 1971, concebeu o real como sendo da ordem do impossível, o que escapa ao Simbólico. O real será atrelado ao aforismo "não há relação sexual". O que permitiu avançar até o real foi justamente o que chamou de "gozo feminino", um gozo não-todo. O gozo Outro, gozo suplementar feminino, o não-todo fálico, pode se representar como um ponto intransponível no trabalho de decifração do sintoma. A não equivalência entre as posições masculina e feminina se deve à divergência entre os seus modos de gozo.

Miranda (2017) escreve que, segundo Lacan (1975), uma mulher é sintoma para um homem. Já a mulher é desdobrada em seu gozo: por um lado, relaciona-se com o gozo fálico, caso em que um homem pode ser igualmente sintoma para ela; por outro, relaciona-se com o significante da falta no Outro, isto é, entretém uma relação particular, da qual se deduz o gozo Outro, o gozo feminino, fora do falo.

Sobre a letra, Quinet (2015, p. 118) se refere à *Lituraterra* (Lacan, 1971): "A letra é esse denominador comum entre o gozo e o saber". Aponta que a letra é litoral e, ao mesmo tempo, formada por significante e gozo. A letra, como escrita, é fixa e fixa o gozo no corpo. Édipo [*Oiedipus*] fixou a letra, pés inchados, ao pé da letra.

A igualdade dos sexos é absoluta no que se refere ao falo. Só que a mulher tem algo a mais, para além do falo: o gozo enigmático, louco.

Bertha Pappenheim fixou o gozo da letra, criou a expressão, "talking cure" no corpo; falando, curou sintomas histéricos e, posteriormente, usou a letra para bem dizer seu sintoma, como escritora "não-toda" fálica, "desdobrável" e líder no movimento feminista das mulheres judias na Alemanha. Bertha Pappenheim traz no seu nome a marca da letra do pai – *Pappen* – e da causa pela qual lutou como feminista pelos direitos das mulheres.

Leite (2007) também encontra uma estreita e complexa relação entre a fala e a escrita, e nos convoca a declinar as articulações entre a palavra falada e a letra, como diz Lacan (1971): "O inconsciente é uma linguagem que, no meio de seu dizer, produz o seu próprio escrito" (*apud* Leite, 2007, p. 303).

Este trabalho versa sobre como Bertha Pappenheim soube fazer uso da escrita: contos, peças de teatro, artigos, poemas, cartas, traduções. Seu primeiro livro, *Histórias para crianças*, é uma coletânea de contos fantásticos, interpretados aqui como um trabalho subjetivo, sublimatório do final abrupto do tratamento [*talking cure*] com Breuer. Podemos perguntar se a sublimação com esses escritos – questão introduzida na seção 5.3 – não indicaria um ponto de letra, no sentido de uma marca subjetiva, de litoral, entre dois territórios, entre gozo e saber, na perspectiva lacaniana, ou entre o sujeito que fala e o gozo que habita seu corpo.

Lembremos que, após a mudança para Alemanha, Bertha se filiou à Associação de Mulheres Judias e viajou pela Europa na defesa dos direitos das mulheres judias e contra o mercado de meninas e mulheres judias. Em 1907, criou o Lar [*Heim*] cujo significante *Heim*, no seu nome *Pappenheim*, é sua obra preferida *o* Lar da Liga de Mulheres Judias (JFB) [Heim dês juedischen Frauenbundes–JFB]. O fonema *Heim* de seu nome se incorporou na sua causa como mulher, mãe dos órfãos e mulheres rejeitadas. Com base no ensino de Lacan, podemos considerar *Heim* como ponto de litoral, lugar de letra entre o gozo e o significante ou entre o sujeito que fala e o gozo que habita seu corpo.

TRABALHO DE SÍSIFO

Bertha Pappenheim, 1924, testemunha a sua luta no texto mais famoso, escrito durante suas viagens: *Trabalho de Sísifo*, do qual teve reconhecimento internacional, pelo seu trabalho de ajuda e educação vocacional.

Ela escreveu notas, cartas sobre sua experiência nas viagens ao Leste Europeu – Turquia, Grécia, Jerusalém, Polônia e Rússia – na luta contra a escravidão branca, investigando e pregando contra a prostituição. Viajou pela Europa e pelo Oriente, entre 1911 e 1912, na luta em defesa das mulheres judias e escreveu cartas que não enviou.

Em 1924, publicou *Trabalho de Sísifo*, um escrito em formato de notas e cartas, com comentários pessoais sobre os lugares e os encontros com pessoas judias, mulheres e crianças, no intuito de escrever um romance (*novel*) com suas impressões pessoais, abrangendo as questões sociais e éticas daqueles países pouco desenvolvidos. Esperava que suas notas, vindas da voz de uma única mulher desconhecida, causassem certo movimento.

Bertha inicia o texto desculpando-se por publicar suas notas das viagens 12 anos após ter escrito. Diz que estava totalmente chocada com o pouco que conquistou com seu trabalho. Relata nas cartas, assim como fizera após outras viagens, o sofrimento de mulheres judias e o serviço de um círculo selecionado mulheres em Frankfurt, pela proteção de mulheres, meninas e crianças, "esperando que de alguma forma suas notas pudessem desencadear um movimento", como ela escreveu:

> Nada desse tipo, nunca aconteceu, nem conosco e nem em qualquer lugar. Tudo que eu descobri foi que uma única voz, a voz de uma mulher desconhecida, não produz nenhum efeito. Hoje acredito que eu ainda não concluí meus deveres (*Sísifo*).

Notamos a marca de letra nas notas e nas cartas que não foram enviadas e perguntamos: qual o valor dessas notas não enviadas? Foram necessários 12 anos para publicá-las. Podemos chamar de letra, no sentido de litoral, ponto entre dois territórios: gozo e saber.

Na luta contra a escravidão branca, Bertha testemunhou o valor da mulher judia, por onde passou. Foi preciso um tempo de elaboração para concluir e publicar *Trabalho de Sísifo* [*Sisyfuswerk*], testemunho, saber e gozo, tarefa não concluída, impossível.

Qual a relação da arte e da escrita com a causa feminina de Bertha? A arte, a escrita e o teatro operaram no sentido de elevar o objeto, a feminilidade, à dignidade da Coisa [*das Ding*], sublimação ou, como Lacan avançou no seu último ensino, no conceito de letra-litoral, entre o saber e o gozo.

Esse escrito pode ser chamado de testemunho. Em *Trabalho de Sísifo*, Bertha (1924), escreve uma carta (*letter*, letra) na qual declara ter um sentimento carinhoso pelas pessoas de Frankfurt. Sentia-se feliz em poder escrever e esperava que elas também se alegrassem com suas cartas. Escreveu sua opinião sobre seu trabalho na Alemanha e na viagem: "o resultado prático das viagens, somente para demonstrar a mim e outros que posso fazer meu trabalho, além de Frankfurt, onde não sou popular em círculos influentes" (*apud* Guttmann, 2001, p. 199).

Em uma nota escrita na Grécia conta que sonhou que falava com sua mãe, desafiava que enfrentara dois animais selvagens, mas a mãe não acreditou o que fez com que ela desfizesse a fantasia. Encontrou com uma mulher maravilhosa, que não respeitava seu próprio corpo, se prostituía no bordel e desejou sonhar com uma bela mulher. Comenta que seu pai não aprovaria seu trabalho e diria, reprovando-a: "Sonhos...". E completa com a frase: "gostaria que meus sapatos fossem mais leves. Eles são muito pesados" (Pappenheim, 1924 *apud* Guttmann, 2001, p. 197).

Segundo Mandil (1997), para a psicanálise, sobretudo após Lacan, a escrita serve para escrever o que não pode ser escrito. Buscar escrever o que não pode ser escrito não é da mesma ordem que buscar escrever o que não pode ser falado. Lacan, por intermédio de Freud, acentuou uma nova relação entre a psicanálise e a escrita, com base na leitura do que se ouve do inconsciente, não mais mediada pura e simplesmente pela literatura, mas tendo como referência as letras, algo que se constrói gradativamente, ao longo do ensino de Lacan.

Assim, a letra/carta não importa pelo que diz, mas como testemunho do dizer, como Lacan tira proveito do equívoco do termo "lettre" [*l'être*] para ressaltar na escrita o efeito sujeito, ou seja, a remissão de um significante a outro. Trata-se do sujeito não como aquele que fala, mas como aquele que é falado na cadeia significante. Podemos considerar letra as notas, as cartas escritas por Bertha durante suas viagens e não enviadas, como Bertha testemunha em seus escritos, sobre o que observou nas viagens na luta contra a escravidão branca, a prostituição feminina. Letra litoral, entre o saber e o gozo.

Lacan (2003, p. 93), em *Outros Escritos*, analisa a relação entre a escrita e o significante: "A escrita como material, como bagagem, esperava para ser fonetizada; e é na medida em que ela é vocalizada, fonetizada como outros objetos, que a escrita aprende a funcionar como escrita".

Já no *Seminário, livro 18: De um discurso que não fosse semblante*, Lacan (2009, p. 59) volta à questão da relação do significante com a letra, sublinhando a anterioridade estrutural da fala em relação ao escrito, e diz: "O próprio escrito, na medida em que se distingue da linguagem, está aí, para nos mostrar que, se é do escrito que se interroga a linguagem, mas só se constrói por sua referência à linguagem".

Pode-se dizer que a escrita de Bertha Pappenheim passou a funcionar como escrita (letra), quando ela passou a atuar como escritora. A partir do semblante de escritora, adquiriu autonomia em relação ao significante, da escrita e publicação de contos para crianças e defensora dos direitos femininos no movimento feminista. Nessas notas, em *Trabalho de Sísifo*, fala de um testemunho, como escreveu: "Nada desse tipo, nunca aconteceu, nem conosco e nem em qualquer lugar. Tudo que eu descobri foi que uma única voz, a voz de uma mulher desconhecida não produz nenhum efeito. Hoje acredito que eu ainda não concluí meus deveres".

Lembremos que Bertha Pappenheim nasceu em Viena, em uma família da alta burguesia judaica. Seus pais seguiam os procedimentos e rituais ortodoxos do judaísmo e educaram os filhos de acordo com as convenções da elite judaica. No entanto, Bertha não aceitou a educação retrógrada com que fora criada, mudou-se da cidade onde nascera para a Alemanha, onde deu voz a seu ideal humanista e feminista. Em 1924, publicou *Trabalho de Sísifo* sobre suas viagens pela Europa e pelo Oriente, reconheceu a personalidade nômade, que herdara, em "uma tarefa que não se acabou ainda" (Pappenheim, 1924 *apud* Guttmann, 2001, p. 194).

Aqui fazemos um paralelo do *Trabalho de Sísifo*, descrito como tarefa ainda não concluída, com o conto de Marguerite Duras "Le Barrage" ["A barragem contra o Pacífico"], publicado em 1950.

Como Saliba (2006, p. 179) comenta, embora o título inicial seja *A barragem contra o Pacífico*, Duras se refere a ele como *Le Barrage*: "Outras barragens e rompimentos constroem sua escrita, seus filmes e peças teatrais nos desvarios do álcool, da dor, da morte, do silêncio e da loucura".

O que Duras chama de incoerência vem trazer a força de sua escrita, como na homenagem feita por Lacan, na qual ele depura, letra a letra, *Le ravissement de Lol V. Stein* (1964), reconhecendo que "ela mostra saber, sem mim, o que eu ensino". Duras completa: "quem tirou Lol V. Stein do túmulo? Pois foi um homem, foi Lacan" (Saliba, 2016, p. 179). Marguerite Duras foi também importante na história da psicanálise lacaniana. Lacan (2003, p.191) dedicou-lhe um lugar na sua obra em *Homenagem a Marguerite Duras pelo arrebatamento de Lol V. Stein*, que abordamos no capítulo 5.

Lol V. Stein é o nome adotado pela personagem Lola Valerie Stein, do livro de Duras (1986), que, após a noite do baile, perde seu amante para uma rival. Ela retirou a letra "a" do seu nome e parte do seu segundo nome. O que aconteceu com Lol? "A prostração de Lol, dizem, foi marcada por sinais de sofrimento. Depois Lol se queixou de sentir um cansaço insuportável, de esperar assim. Aborrecia-se a ponto de gritar" (Duras *apud* Saliba, 2016, p. 182).

Arrebatamento, conforme o *Dicionário Aurélio*, é um estado de espírito caracterizado pela alegria, pela admiração, pela conduta impetuosa ou impulsiva. Ligada ao sentimento de exaltação, êxtase ou entusiasmo, ou fúria. Segundo Castelo Branco (2011), em *As arrebatadas – o amor ao pé da letra*, talvez esse seja um dos únicos textos de Duras, em que vemos Lacan verdadeiramente arrebatado. Diz Lacan (2003b *apud* Castelo Branco, 2012, p. 217): "arrebatamento – essa palavra cria um enigma, na medida em que Lol V. Stein o determina?".

Embora Marguerite Duras tenha dito que não sabe de onde lhe veio Lol, "a única vantagem que um psicanalista tem direito de tirar de sua posição, sendo reconhecida como tal com Freud, que em sua matéria o artista sempre o precede" (Lacan, 2003b, p. 200). Foi o que Lacan reconheceu em *Homenagem a Marguerite Duras pelo arrebatamento de Lol V. Stein*, em que a autora "revela sem saber, aquilo que ele próprio ensina que a prática da *letra* converge com o uso do inconsciente e que dá testemunho ao lhe prestar homenagem" (2003b, p. 200).

O arrebatamento de Lol V. Stein, como descreve Vieira (2007), narra o caminho em que a personagem sofre uma perda em três tempos: o do furacão da perda total, o de um longo tempo de errâncias em que Lol (como Lola se denomina) fica estritamente no ar e, finalmente, a construção de uma cena em que se reconstitui para Lola um abrigo.

No primeiro tempo, tudo gira em torno de um baile. Lola vivencia seu primeiro baile aos 19 anos e, diante de toda a sociedade, tudo perde quando seu noivo lhe é arrebatado por outra. A cena é descrita com detalhes e sem um diálogo, apenas olhares entre seus quatro participantes: Lola, Michael Richardson, seu noivo, Tatiana Karl, sua amiga e Anne-Marie Stratter, mais velha e nos olhos de Michael, deslumbrante em seu vestido negro. Michael, sem uma palavra a toma para dançar, em um enlace que segue durante todo o baile. Dançam um rodopio sem fim, arrebatados naquele encontro. Lola, vítima de um "desaparecimento aveludado de sua própria pessoa", perde os sentidos e passa dias prostrados no quarto em um "sofrimento sem sujeito" assinada por uma nova nomeação: Lol V. Stein.

Conforme segue Vieira (2007, p. 283), com Lacan, a prática da letra converge com o uso do inconsciente, já que ela visa exatamente ao ponto de conexão entre saber e gozo, além de conseguir dar lugar a esse impossível do dizer nas entrelinhas, no entre letras. "Dançando um rodopio sem fim" nos remete à cena narrada no conto de Bertha Pappenheim.

> A pequena ninfa fixou o olhar na casa onde pessoas bailavam vislumbradas através da brilhante luz das janelas, o que não deixava dúvida de que seres humanos estavam perdidos ao prazer da dança. [...] Movida quase inconscientemente por seu desejo... [...] Tudo parecia tão incompreensível e, no entanto, compreendido. [...] Dançaram por um longo tempo sem falar e em paz, mais uma vez e outra também, mergulhando no redemoinho, até que os últimos casais desapareceram e a música terminou. [...] A ninfa decidida em fugir daquele lugar escuro... Sem refletir, inconscientemente [*unbewusst*], seu corpo seguiu a música do outro mundo proibido (Pappenheim, 1888 *apud* Guttmann, 2001, p. 101, tradução livre).

Aqui acrescentamos a referência à sublimação segundo Porge (2019), que é uma ética da erótica, uma "erética". Como Lacan citou o amor cortês, como paradigma da sublimação, exemplifica uma ética fundamentada no real da Coisa, e não no ideal do Bom, ética em que a Dama quem ocupa o lugar da Coisa inacessível, representando o impossível no cerne do amor.

Freud introduz o termo "Sublimierung" em psicanálise, no ano 1905, atribuindo-lhe características mais precisas e referenciadas não ao instinto, mas à pulsão [*Trieb*].

Porge (2019) faz uma crítica aos psicanalistas, que continua seguindo pela linguagem corrente, dando sentido à palavra "Trieb" a uma atividade não sexual e valorizada socialmente. Porge (2019) pontua que, no que concerne à sublimação, o analista, assim como o artista, deve permanecer tal como definido por Freud, enquanto destino da pulsão sem recalcamento. Ou, como Freud (1996q) diz no capítulo IV de *O mal-estar na civilização*, em que vincula a sublimação a uma inerência de um impedimento de plena satisfação da meta sexual. Porge (2019) acrescenta que, na *Homenagem a Marguerite Duras*, Lacan (2003) atesta que a escritora recuperou, por meio da sua arte, o objeto que dá sentido à sublimação e cuja satisfação não é ilusória.

Para Porge (2019), a sublimação aqui designava simultaneamente a realização literária de Marguerite Duras e do próprio Lacan, que a reconhecia e nela se incluía.

Bertha Pappenheim se reconheceu na mais importante obra que criou: o lar para crianças órfãs e mulheres judias, mães solteiras denegadas além do livro que ficou mais conhecido: *Sisyphus-Arbeit* (*O trabalho de Sísifo*).

CONCLUSÕES

Bertha Pappenheim se tratou transformando seu sintoma de histeria além da fala, por meio da escrita e do ativismo na defesa dos direitos das mulheres, como líder de mulheres judias na Alemanha e pioneira da assistência social.

Portadora de um intelecto poderoso, Bertha tinha um dote poético e imaginativo, controlado por um bom senso agudo. Após a morte do pai, as histórias contadas ao seu médico se transformaram numa cadeia de alucinações apavorantes. Sua mente ficava aliviada depois que ela falava o que Anna O. chamou de *talking cure* [cura pela fala] ou, em tom de brincadeira, *chimney-sweeping* [limpeza de chaminé]. Assim, foi inaugurado o tratamento pela fala. No entanto, a paciente não ficou curada com o tratamento pelo método catártico nem pela hipnose com Breuer.

O caso Anna O. foi revisitado nos *Estudos sobre a histeria* (Freud, 1996a). Bertha Pappenheim foi citada nas obras de Freud e no ensino de Lacan. Segundo Soler (2005), ela sublimou sua feminilidade sacrificada e foi mãe dos órfãos que adotou. Subverteu a educação ortodoxa que recebera em que a mulher deveria executar as tarefas domésticas e a criação de filhos. Após o sofrimento com a doença e a morte do pai, decepcionada e frustrada com o tratamento com Breuer, ela encontrou na escrita outro objeto de satisfação ou de sublimação.

Na vida de Bertha Pappenheim, houve uma virada com o término abrupto do tratamento com Breuer. Ela viajou para a casa de parentes na Alemanha, aproximou-se da família e fez curso de literatura com Anna Ettlinger, que a influenciou a tomar a vida nas próprias mãos. Embora tivesse sido tratada com morfina, a escrita e a sugestão da prima de que escrevesse operaram como um ato e, provavelmente, Bertha continuou escrevendo contos no sanatório. Em 1888, depois que teve alta, ela se mudou para Alemanha com a mãe, o que foi um divisor de águas na sua vida.

Bertha Pappenheim já havia escrito contos em 1883, mas publicou seu primeiro livro *Histórias para crianças*, em 1888, na Alemanha. Filiou-se à Associação Judaica de Mulheres e teve seu primeiro trabalho no orfanato de crianças judias em Karlsruhe. Devido aos contatos, ao conhecimento de outras línguas e ao interesse pelo movimento de mulheres, escreveu artigos em defesa do voto para mulheres e traduziu do inglês para o alemão, o texto *Os direitos da mulher*, da ativista inglesa Mary Wollstonecraft. Essa tradução foi publicada com o pseudônimo Berthold em 1899.

Em 1900, Bertha viajou para Galícia, parte pobre da Polônia, para lutar contra a escravidão branca e escreveu um relato sobre a miséria e a situação precária dos judeus no país. A hipótese do doutorado de que Bertha sublimou sua feminilidade (Pardini, 2017) com a escrita se confirma num fragmento de um relato escrito, em que ela afirma que o ato de escrever o que vira lhe trouxe alguma paz (*apud* Guttmann, 2001, p. 153). Bertha escreveu contos, artigos sobre os direitos femininos, uma peça de teatro e fez traduções. Seu escrito mais conhecido, *Trabalho de Sísifo*, mostra que ela sublimou, transformou sua situação de paciente histérica com a escrita e o ativismo na defesa de mulheres e crianças órfãs judias.

Com base na pesquisa da vida de Bertha e do texto de Freud (2018a), concluímos que a sexualidade de Bertha era caracterizada pela atividade, como Freud admitiu: para a passividade feminina, seria necessária muita atividade. Bertha Pappenheim conquistou sua vida como mulher judia, ativista e independente da ortodoxia que herdou e soube fazer da sua origem uma porta de entrada nos meios em que atuou, apesar de todas as dificuldades, como relata em *Trabalho de Sísifo*.

Além do destino pulsional pela sublimação, o escrito de Bertha indica um ponto de letra, no sentido de marca subjetiva, de litoral entre gozo e saber, na perspectiva lacaniana. A letra é tomada em Lacan (1998a) ao pé da letra. A linguagem, com sua estrutura, preexiste à entrada de cada sujeito num momento de seu desenvolvimento. Como no conto *A ninfa do lago*, Bertha narra a história usando palavras, conceitos, que nos remetem à psicanálise, a exemplo de inconsciente, desejo e outros.

Ela sublimou sua feminilidade por meio da escrita, da mudança de metas. Iniciou sua escrita com a publicação como autor anônimo dos contos para crianças, em 1888, até relatos, traduções, com o pseudônimo P. Berthold ou Paul Berthold, e o texto mais conhecido, reeditado e publicado em 1924, *Trabalho de Sísifo* [*Sisyfus Arbeit*].

Partindo da hipótese de que Bertha Pappenheim sublimou sua feminilidade por meio da escrita, concluímos que ela subverteu a educação ortodoxa que recebera e encontrou na sua própria herança nômade, nas viagens, no ativismo e na escrita uma saída, uma forma de tratamento para seus sintomas, seu sofrimento.

Bertha recebeu o reconhecimento como escritora e ativista, na arte, com escritos de contos, peças de teatro e traduções. Obteve o reconhecimento de psicanalistas, como Freud e Lacan, com a expressão *talking cure*, e foi reconhecida por Lacan como criadora da psicanálise, além de ser um dos grandes nomes da assistência social.

A escritora Marguerite Duras tem um destaque para a psicanálise assim como Bertha Pappenheim. Duras se destacou na literatura francesa e recebeu uma homenagem de Lacan.

Bertha Pappenheim se posicionou como defensora das mulheres seguiu seu desejo de salvar órfãos judeus e mulheres judias rejeitadas e entregues à escravidão branca. Como não-toda, escreveu contos de fadas.

Com base na nossa pesquisa, nos escritos de Freud e Lacan, além dos escritos e ativismo de Bertha, concluímos que, a partir do tratamento pela fala, a *talking-cure*, com Breuer (1882-1883), Bertha Pappenheim produziu seu próprio escrito transformou o nome herdado do pai, Pappenheim [*Pappen-heim*], num ideal com a criação do primeiro lar (*Heim*) para crianças órfãs judias e mulheres judias.

Sob a perspectiva de uma leitura lacaniana da escrita de Bertha, há um ponto de letra-litoral, como território entre gozo e saber, tanto no conto "A ninfa do lago" quanto em *Trabalho de Sísifo*. Vale mencionar o texto de Lacan (1998a), *A instância da letra no inconsciente ou a razão desde Freud*, em que o autor diz que o psicanalista recebe da fala seu material, seu instrumento em que o escrito se distingue por uma prevalência do texto para além dessa fala, situando a psicanálise entre o escrito e a fala. O sentido da letra é toda a estrutura de linguagem que a experiência psicanalítica descobre no inconsciente, e aqui a letra é tomada ao pé da letra. Letra, como suporte material, que o discurso concreto toma emprestado da linguagem.

Os caminhos da sublimação trilhados por Bertha Pappenheim na escrita, no teatro e no ativismo a levaram a um trabalho sem fim, a uma repetição e a um final impossível. Trabalho inconsciente, operador incansável.

Foram mencionadas outras escritoras que viveram na época de Bertha devido à sua importância na cultura ou por fazerem parte da história da psicanálise de Freud a Lacan. Encerramos com citações de mulheres que motivaram este estudo e são importantes para a cultura, a psicanálise, a literatura, a política e o feminismo: Bertha Pappenheim, Marguerite Duras e Alexandra Kollontai, que participaram na transformação da cultura, dos direitos femininos e da escrita feminina. Encerramos com a escrita de Bertha Pappenheim:

Bertha Pappenheim (1924 *apud* Guttmann, 2001, p. 193):

> Desejo escrever um romance, com minhas impressões pessoais, compreendendo as questões sociais e éticas daqueles países, pouco desenvolvidos. Espero que essas notas, vindas da voz de uma única mulher, desconhecida, causem certo movimento.

POSFÁCIO

Figura 11 – Túmulo de Bertha ao lado do de sua mãe, Recha

Fonte: Wikimedia Commons (2016)

Trilhas da sublimação em Bertha Pappenheim: *da histeria à escrita* é o título dado a esse livro, pesquisa de pós-graduação sobre "a criadora da psicanálise".

Esse posfácio foi inspirado pela orientação de Maria Anita Carneiro Ribeiro, 2021, para iluminar o final desta obra.

Vivemos um paradoxo: de um lado, o avanço dos medicamentos garante ao homem moderno uma sobrevida impensável há cem anos; do outro, a população se droga cada vez mais na busca impossível de uma felicidade que não pague o preço pela dor de existir.

Segundo o livro de Maria Anita Carneiro Ribeiro (2021, p. 219), as histéricas deixaram de existir. Foram abolidas da linguagem oficial por serem politicamente incorretas, como sempre o foram e sempre serão, pois desafiam o discurso do status quo da civilização. Pode-se abolir a palavra histeria de uma classificação nosológica, mas não há como calar a força inquietante do discurso da histérica no laço social.

As histéricas desafiam o discurso do mestre – ainda que reduzidas a deprimidas, portadoras da síndrome do pânico etc. Protegem-se da drogadição generalizada, jogando fora os remédios, procurando tratamentos alternativos, buscando o misticismo ou afundando nas múltiplas siglas que o Outro social lhe oferece para dar conta de seu ser.

Bertha Pappenheim contribuiu para a psicanálise, que hoje pode dar à ciência: a escuta da fala do sujeito, que é efeito da linguagem e cuja falha estrutural não pode ser suturada por um artefato ou artifício (Ribeiro, 2021).

Assim, como nos fala Maria Anita Carneiro Ribeiro (2021, p. 219), apostar no discurso analítico, na força da contribuição que ele traz para o novo século, é apostar na posição feminina, no *não-todo*, na incompletude, no furo do saber.

Caso opte para ir ao encontro de sua verdade, poderá talvez encontrar um novo saber e um espaço para a criação. Apostar na psicanálise também é apostar na palavra, na escrita, na fala de amor. "Sem dúvida, uma aposta feminina". Assim como a aposta deste livro.

REFERÊNCIAS

ABRAMOVITCH, S. O exílio e suas letras. *In*: ABRAMOVITCH, S.; BORGES, S. (org.). *O amor e suas letras*. Rio de Janeiro: 7 Letras, 2011.

ALBERTI, S. Em Goethe. *In*: RIBEIRO, M. A. C. *O caldeirão da feiticeira*. A metapsicologia de Freud, um século depois. Rio de Janeiro: Contracapa, 2015a.

ALBERTI, S. Exnihilo. *In*: BILBAO, A. *El Psicoanálisis y los fundamentos de la cultura*. Valparaiso: Imprensa Salesianos, 2015b.

ALBERTI, S.; PACHECO, R. A letra no ensino de Lacan em RSI. *In*: COSTA, E.; RINALDI, D. *A Escrita como experiência de passagem*. Rio de Janeiro: Cia de Freud, 2016.

ALBERTI, Sonia. Da histeria a sublime-ação: Bertha Pappenheim. *Psicopatologia fundamental*, Rio de Janeiro, v. 34, n. 3, p. 601-620, 2023.

ANDRADE, P. F. Uma ruína para a palavra amor: Marguerite Duras e o amor em fracasso. *Letra irredutível, M. D. Revista da Escola da Letra Freudiana*, Rio de Janeiro, n. 48, p. 91-98, 2014.

ANNA O. *Freud and Feminility*, [s. l.], [20--]. Disponível em: https://freudandfeminility.weebly.com/anna-o.html. Acesso em: 29 jul. 2024.

BATISTA, Â. F. Amor e revolução pela emancipação humana. *MST*, [s. l.], 2019. Disponível em: https://mst.org.br/2019/04/01/amor-e-revolucao-pela-emancipacao-humana/. Acesso em: 21 maio 2024.

BERTIN, C. *A mulher em Viena nos tempos de Freud*. São Paulo: Pappilus, 1990.

BRENZEL, M. *Sigmund Freuds Anna O. Das Leben der Bertha Pappenheim*. Leibzig: Reclam Verlag, 2004.

BREUER, J. Die Beiträge Josef Breuers zu den Studien über Histerie: Fräulein Anna O. *In*: FREUD, S. *Gesammelte Werke (GW), Sigmund Freud*. Nachtragsband Texte aus den Jahren. Frankfurt: Fischer Taschenbuch

Verlag, 1999. [Contribuições de Josef Breuer aos Estudos sobre a histeria] (tradução livre).

CASTELLO BRANCO, L. *Chão de letras*. As literaturas e a experiência da escrita. Belo Horizonte: Ed. UFMG, 2011.

COSTA, A.; RINALDI, D. *A escrita como experiência de passagem*. Rio de Janeiro: Companhia de Freud, 2012.

DURAS, M. *Escrever*. Tradução de Rubens Figueiredo. Rio de Janeiro: Rocco, 1994.

DURAS, M. *O deslumbramento*. Tradução de Ana Maria Falcão. Rio de Janeiro: Nova Fronteira, 1986.

ERDINGER, D. *Bertha Pappenheim*: Leben und Schiften. Frankfurt: Ner Tamid Verlag, 1963. [Vida e escritos] in Brenzel, M, Leibzig, Reclam Verlag, 2004.

FRANKFURT. Jüdischer Friedhof Rat Beil Straße, Grab Bertha Pappenheim. *Wikimedia Commons*, 2016. Disponível em: https://commons.wikimedia. org/wiki/File:Frankfurt,_J%C3%BCdischer_Friedhof_Rat_Beil_Stra%- C3%9Fe,_Grab_Bertha_Pappenheim.jpg. Acesso em: 29 jul. 2024.

FREUD, S. [1983]. *Estudos sobre a histeria* (1893-1895). Direção da tradução: Jayme Salomão. Rio de Janeiro: Imago, 1996a. p. 39-53. (Edição standard brasileira das obras psicológicas completas de Sigmund Freud, v. 2).

FREUD, S. [1894]. As neuropsicoses de defesa. *In*: FREUD, S. *Primeiras publicações psicanalíticas* (1893-1899). Direção da tradução de Jayme Salomão. Rio de Janeiro: Imago, 1996b. p. 53-72. (Edição standard brasileira das obras psicológicas completas de Sigmund Freud, v. 3).

FREUD, S. [1895]. Projeto para uma psicologia científica. *In*: FREUD, S. *Publicações pré-psicanalíticas e esboços inéditos* (1886-1889). Direção da tradução: Jayme Salomão. Rio de Janeiro: Imago, 1996c. p. 347-454. (Edição standard brasileira das obras psicológicas completas de Sigmund Freud, v. 1).

TRILHAS DA SUBLIMAÇÃO EM BERTHA PAPPENHEIM: DA HISTERIA À ESCRITA

FREUD, S. [1899]. Lembranças encobridoras. *In*: FREUD, S. *Primeiras publicações psicanalíticas* (1893-1899). Direção da tradução: Jayme Salomão. Rio de Janeiro: Imago, 1996d. p. 287-304. (Edição standard brasileira das obras psicológicas completas de Sigmund Freud, v. 3).

FREUD, S. A. [1905]. Três ensaios sobre a teoria da sexualidade. *In*: FREUD, S. Um Caso de Histeria, Três Ensaios sobre a Sexualidade e outros Trabalhos (1901-1905). Rio de Janeiro: Imago, 1996e. (Edição standard brasileira das obras completas de Sigmund Freud, v. 7).

FREUD, S. A. [1907]. O esclarecimento sexual das crianças. *In*: FREUD, S. *"Gradiva", de Jensen, e outros trabalhos*. Direção da tradução de Jayme Salomão. Rio de Janeiro: Imago, 1996f. p. 121-129. (Edição standard brasileira das obras completas de Sigmund Freud, v. 9).

FREUD, S. [1907]. Escritores criativos e devaneio. *In*: FREUD, S. *"Gradiva", de Jensen, e outros trabalhos* (1906-1908). Direção da tradução de Jayme Salomão. Rio de Janeiro: Imago, 1996g. p. 135-143. (Edição standard brasileira das obras psicológicas completas de Sigmund Freud, v. 9).

FREUD, S. [1907]. Sobre as teorias sexuais das crianças. *In*: FREUD, S. *"Gradiva", de Jensen, e outros trabalhos*. Direção da tradução de Jayme Salomão. Rio de Janeiro: Imago, 1996h. p. 191-204. (Edição standard brasileira das obras psicológicas completas de Sigmund Freud, v. 9).

FREUD, S. [1908]. Moral sexual 'civilizada' e doença nervosa moderna. *In*: FREUD, S. *"Gradiva", de Jensen, e outros trabalhos*. Direção da tradução de Jayme Salomão. Rio de Janeiro: Imago, 1996i. p. 169-186. (Edição standard brasileira das obras psicológicas completas de Sigmund Freud, v. 9).

FREUD, S. [1909]. Cinco lições de psicanálise. *In*: FREUD, S. *Cinco lições de psicanálise, Leonardo da Vinci e outros trabalhos*. Direção da tradução: Jayme Salomão. Rio de Janeiro: Imago, 1996j. p. 27-65. (Edição standard brasileira das obras psicológicas completas de Sigmund Freud, v. 11).

FREUD, S. [1914]. Sobre o narcisismo: uma introdução. *In*: FREUD, S. *A história do movimento psicanalítico, artigos sobre a metapsicologia e outros trabalhos*. Direção da tradução de Jayme Salomão. Rio de Janeiro: Imago,

1996k. p. 81-108. (Edição standard brasileira das obras psicológicas completas de Sigmund Freud, v. 14).

FREUD, S. [1915]. Os instintos e suas vicissitudes. *In*: FREUD, S. *A história do movimento psicanalítico: artigos sobre metapsicologia e outros trabalhos.* Direção da tradução: Jayme Salomão. Rio de Janeiro: Imago, 1996l. p. 123-144. (Edição standard brasileira das obras psicológicas completas de Sigmund Freud, v. 14).

FREUD, S. [1917]. Conferência XXIII: Os caminhos da formação dos sintomas. *In*: FREUD, S. *Conferências introdutórias sobre psicanálise* (Parte III. Teoria geral das neuroses. Direção da tradução de Jayme Salomão. Rio de Janeiro: Imago, 1996m. p. 361-378. (Edição standard brasileira das obras psicológicas completas de Sigmund Freud, v. 16).

FREUD, S. [1919]. *O infamiliar [Das Unheimlich], seguido de O homem de areia de E.T.A. Hoffmann.* Tradução de Ernani Chaves e Romero Freitas. Belo Horizonte: Autêntica, 2019. (Obras incompletas de Sigmund Freud, v. 8).

FREUD, S. [1920]. Além do princípio de prazer. *In*: FREUD, S. *Além do princípio de prazer, psicologia de grupo e outros trabalhos* (1920-1922). Direção da tradução de Jayme Salomão. Rio de Janeiro: Imago, 1996n. p. 17-75. (Edição standard brasileira das obras completas de Sigmund Freud, v. 18).

FREUD, S. [1924]. Um estudo autobiográfico. *In*: FREUD, S. *Um estudo autobiográfico, inibições, sintomas e ansiedade, análise leiga e outros trabalhos.* Direção da tradução de Jayme Salomão. Rio de Janeiro: Imago, 1996o. p. 15-78. (Edição standard brasileira das obras psicológicas completas de Sigmund Freud, v. 20).

FREUD, S. [1925]. A negação. *In*: FREUD, S. *Neurose, psicose e perversão.* Tradução de Maria Rita Salzano Moraes. Belo Horizonte: Autêntica, 2016. p. 141-150. (Obras incompletas de Sigmund Freud, v. 5).

FREUD, S. *Amor, sexualidade, feminilidade.* Tradução de Maria Rita Salzano Morais. Belo Horizonte: Autêntica, 2018. (Obras incompletas de Sigmund Freud, v. 7).

FREUD, S. [1933]. Conferência XXXII: Ansiedade e vida instintual. *In*: FREUD, S. *Novas conferências introdutórias sobre psicanálise e outros trabalhos* (1932-1936). Direção da tradução: Jayme Salomão. Rio de Janeiro: Imago, 1996p. p. 85-112. (Edição standard brasileira das obras psicológicas completas de Sigmund Freud, v. 22).

FREUD, S. *Novas conferências introdutórias sobre psicanálise e outros trabalhos* (1932-1936). Direção da tradução: Jayme Salomão. Rio de Janeiro: Imago, 1996q. p. 17-38. (Edição standard brasileira das obras psicológicas completas de Sigmund Freud, v. 22).

FREUD, S. Rascunho L. Notas I. (2 de maio de 1897). *In*: FREUD, S. *Publicações pré-psicanalíticas e esboços inéditos*. Direção da tradução de Jayme Salomão. Rio de Janeiro: Imago, 1996r. p. 297-300. (Edição standard brasileira das obras psicológicas completas de Sigmund Freud, v. 1).

FREUD, S. [1931]. Sexualidade feminina. *In*: FREUD, S. *O futuro de uma ilusão, o mal-estar na civilização e outros trabalhos* (1927-1931). Direção da tradução: Jayme Salomão. Rio de Janeiro: Imago, 1996s. p. 233-251. (Edição standard brasileira das obras psicológicas completas de Sigmund Freud, v. 21).

FREUD, S. A história do movimento psicanalítico. *In*: FREUD, S. *A história do movimento psicanalítico, artigos sobre a metapsicologia e outros trabalhos*. Direção da tradução: Jayme Salomão. Rio de Janeiro: Imago, 1996t. p. 18-73. (Edição standard brasileira das obras psicológicas completas de Sigmund Freud, v. 14).

FREUD, S. *Gesammelte Werke Sigmund Freud* (GW). Frankfurt: Fischer, editor, Verlag, 1999. (Obras completas em alemão).

FREUD, S.; BREUER. [1895]. Srta. Anna O. (BREUER). *In*: FREUD, S. Estudos sobre a histeria (1893-1895). São Paulo: Companhia das Letras, 2016. p. 40-74. (Obras completas, v. 2).

GLÜCKEL bas Judah. *Jewish Women's Archive*, 2024. Disponível em: https://jwa.org/media/gluckel-of-hameln-still-image. Acesso em: 29 jul. 2024.

GUTTMANN, M. *The enigma of Anna O.* London: Moyer Bell and its subsidiaries, 2001.

GUTTMANN, Melinda Given. "Cumpre estar pronta para o tempo e a Eternidade": o legado de Bertha Pappenheim. *In*: VASCONCELOS, Julia Fatio. *Do teatro particular ao público*. São Paulo: Blucher, 2023. p. 9-36.

IANINNI, G.; TAVARES, P. H. *Sobre amor, sexualidade, feminilidade*. *In*: FREUD, S. *Amor, sexualidade, feminilidade*. Tradução de Maria Rita Salzano Morais. Belo Horizonte: Autêntica, 2018. p. 7-35. (Obras incompletas de Sigmund Freud, v. 7).

IANINNI, G.; TAVARES, P. H. O Infamiliar. (Das Unheimliche). *In*: Obras incompletas de Freud. Belo Horizonte: Ed. Autentica, 2019. p. 7.

JANSEN, E. M. *Streifzüge durch das Leben von Anna O./Bertha Pappenheim*. Frankfurt: [*s. n.*], 1984.

JONES, E. *Vida y obra de Sigmund Freud*. Buenos Aires: Horme, 1979. v. I.

KEHL, M. R. Freud e as mulheres. *In*: IANNINI, G.; TAVARES, P. H. (org.). *Amor, sexualidade, feminilidade*. Belo Horizonte: Autêntica, 2018.

KUGLER, L. Korschoerke. *Bertha Pappenheim*: literarische und publizistische Texte. Wien: Ed. Turia, 2002.

LACAN, J. [1953]. Função e campo da fala e da linguagem em psicanálise. *In*: LACAN, J. *Escritos*. Tradução de Vera Ribeiro. Rio de Janeiro: Zahar, 1998a. p. 238-324. (Campo Freudiano no Brasil).

LACAN, J. [1957]. A instância da letra no inconsciente ou a razão desde Freud. *In*: LACAN, J. *Escritos*. Tradução de Vera Ribeiro. Rio de Janeiro: Zahar, 1998b. p. 496-533. (Campo Freudiano no Brasil).

LACAN, J. [1958]. Diretrizes para um congresso sobre a sexualidade feminina. *In*: LACAN, J. *Escritos*. Tradução de Vera Ribeiro. Rio de Janeiro: Zahar, 1998c. p. 734-745. (Campo Freudiano no Brasil).

LACAN, J. [1959-1960]. *O seminário, livro 7*: a ética da psicanálise. Texto estabelecido por Jacques-Alain Miller. Tradução de Antonio Quinet. Rio de Janeiro: Zahar, 1988. (Campo Freudiano no Brasil).

LACAN, J. [1961-1962]. *O seminário, livro 9*: a identificação. Tradução de Ivan Corrêa e Marcos Bagno. Publicação não comercial exclusiva para os membros do Centro de Estudos Freudianos do Recife, PE, 2003a.

LACAN, J. [1962-1963]. *O seminário, livro 10*: A angústia. Texto estabelecido por Jacques-Alain Miller. Tradução de Vera Ribeiro. Rio de Janeiro: Zahar, 2005. (Campo Freudiano no Brasil).

LACAN, J. [1964]. *O seminário, livro 11*: os quatro conceitos fundamentais da psicanálise. Texto estabelecido por Jacques-Alain Miller. Tradução de M. D. Magno. 2. ed. Rio de Janeiro: Zahar, 2008a. (Campo Freudiano no Brasil).

LACAN, J. [1965]. Homenagem a Marguerite Duras pelo arrebatamento de Lol V. Stein. *In*: LACAN, J. *Outros escritos*. Tradução: Vera Ribeiro. Rio de Janeiro: Zahar, 2003b. p. 198-205. (Campo Freudiano no Brasil).

LACAN, J. [1966-1967]. *O seminário, livro 14*: a lógica do fantasma. Inédito. Publicação não comercial exclusiva para os membros do Centro de Estudos Freudianos do Recife, 2008b.

LACAN, J. [1968-1969]. *O seminário, livro 16*: de um Outro ao outro. Texto estabelecido por Jacques-Alain Miller. Tradução de Vera Ribeiro. Rio de Janeiro: Zahar, 2008c. (Campo Freudiano no Brasil).

LACAN, J. [1970-1971]. *O seminário, livro 18*: de um discurso que não fosse semblante. Texto estabelecido por Jacques-Alain Miller. Tradução de Vera Ribeiro. Rio de Janeiro: Zahar, 2009. (Campo Freudiano no Brasil).

LACAN, J. [1971]. Lituraterra. *In*: LACAN, J. *Outros escritos*. Tradução de Vera Ribeiro. Rio de Janeiro: Zahar, 2003d. p. 15-25. (Campo Freudiano no Brasil).

LACAN, J. [1971-1972]. *O seminário, livro 19*: ...Ou pior. Texto estabelecido por Jacques-Alain Miller. Tradução de Vera Ribeiro. Versão final de Marcus André Vieira. Rio de Janeiro: Zahar, 2012. (Campo Freudiano no Brasil).

LACAN, J. [1972-1973]. *O seminário, livro 20:* Mais, ainda. Texto estabelecido por Jacques-Alain Miller. Tradução de M. D. Magno. 2. ed. rev. Rio de Janeiro: Zahar, 1985. (Campo Freudiano no Brasil).

LACAN, J. [1975-1976]. *O seminário, livro 23:* O sinthoma. Texto estabelecido por Jacques-Alain Miller. Tradução de Sérgio Laia. Rio de Janeiro: Zahar, 2007. (Campo Freudiano no Brasil).

LACAN, J. *Encore.* Mais ainda. Rio de Janeiro: Escola Letra Freudiana. Edição não comercial, 2010.

LACAN, J. *O seminário, livro 8:*a transferência (1960-1961). Texto estabelecido por Jacques-Alain Miller. Tradução de Dulce Duque Estrada. Rio de Janeiro: Zahar, 1992. (Campo Freudiano no Brasil).

LARSEN, Kim. Bertha Pappenheim alias Anna O – em biografisk presentasjon. *Tidsskrift for Norsk psykologforening,* 2004. Disponível em: https://psykologtidsskriftet.no/fagartikkel/2004/12/bertha-pappenheim-alias--anna-o-en-biografisk-presentasjon. Acesso em: 29 jul. 2024.

LEITE, N. A. Escrita e escritos. *In*: LEITE, N. A.*Escritas e psicanálise.* Rio de Janeiro: Cia de Freud, 2007. p. 55-64. v. 1.

LUCERO, A.; VORCARO, A. Do vazio ao objeto: das Ding e a sublimação em Jacques Lacan. *Ágora* [on-line], Rio de Janeiro, v. 16, p. 25-39, 2013.

MANDIL, R. Para que serve a escrita? *In*: ALMEIDA, M. I. (org.). *Para que serve a escrita?* São Paulo: Educ, 1997.

MANSO, R. A escrita feminina. *In*: COSTA, A.; RINALDI, D. (org.). *Escrita e psicanálise.* Rio de Janeiro: Companhia de Freud, 2007.

MIRANDA, E. R. *Desarrazoadas-* devastação e êxtase. Rio de Janeiro: Contra Capa, 2017.

PADILHA, Taoana. Vozes femininas da psicanálise. *Taoana Padilha,* 12 dez. 2023. Disponível em: https://taoanapadilha.com.br/vozes-femininas-da--psicanalise/. Acesso em: 29 jul. 2024.

TRILHAS DA SUBLIMAÇÃO EM BERTHA PAPPENHEIM: DA HISTERIA À ESCRITA

PAPPENHEIM, B. (Paul Berthold) *Frauenrecht. Schauspiel in drei Aufzügen.* Dresden, 1899. [Direito feminino. Peça de teatro em três tempos].

PAPPENHEIM, B. *Bericht über den 3. Deutsche Nationalkonfernz zur Bekämpfung des Mächenhändels.* Von Deutsche Nationalkomitee Berlin, 1904, s. 112-125. [Relato da conferência do terceiro encontro nacional sobre a luta contra o mercado de meninas].

PAPPENHEIM, B. *Die Memoiren der Glückel Von Hameln, aus dem Judische-Deutschen von Bertha Pappenheim.* Wien, 1910. [Memórias de Glückel von Hameln] (tradução do alemão judeu).

PAPPENHEIM, B. Gemästigte und radikale Frauenbewegung. *Ethische Kultur 7*, 1899, s. 354 (P. Berthold). [Movimento feminista regular e radical].

PAPPENHEIM, B. Impresso do boletim de Bertha Pappenheim Seminar and Memorial Center, 10, Zepellin Street, Neu Isenburg. Alemanha, 2013.

PAPPENHEIM, B. *In der Trödelbude.* Lahr 1890 (P. Berthold). [Loja de pequenos objetos usados].

PAPPENHEIM, B. *Kleine Geschichten für Kinder.* Karlsruhe, 1888 (anônimo). Druck der G. Braun'schen Hofbuchdruckerei. [Contos, pequenas histórias para crianças].

PAPPENHEIM, B. *Lebenund Werk.* Frankfurt am Main: Von Dora Edinger, 1963.

PAPPENHEIM, B. Sisyphus Arbeit. Reisebriefe aus den Jahre 1911-1912 Berlin. *In*: LEIPZIG, P. E. *Linder.* [Trabalho de Sísifo]. [Cartas dos anos 1911-1912].

PAPPENHEIM, B. *Traduções do iídiche para o alemão.* A woman's Bible. Frankfurt: J. Kaufmann, 1930.

PAPPENHEIM, B. Zur Judenfrage in Galizien, Frankfurt, 1900 (P. Berthold). [Questões da situação dos judeus na Galícia].

PAPPENHEIM, B.: *"In those days, it was believed that a good education for girls kept them in the dark and obscured anything that happened outside of family life. The relationship between poverty, sickness and crime was totally unknown to girls who were taught to see the world through 'rose-colored glasses'"* (Bertha Pappenheim, 1898).

PAPPENHEIM, B.; RABINOWITSCH, S. Zur Lage der jüdischen Bevölkerung in Galiziern. Reiseeindrucke und Vorscheläge zur Verbesserung der Verhältnisse. Frankfurt, 1904. [A situação da população judia na Galícia. Viagens e recomendações para melhorar suas relações].

PAPPENHEIM, B.; WOLLSTONECRAFT, M. *Eine Verteitigung der Rechte der Frau*. Tradução de P. Berthold. Dresden, 1899. [Defesa dos direitos da mulher].

PAPPENHEIM, Bertha. *Sisyphus-Arbeit*: Reisebriefe aus den Jahren 1911 und 1912 / von Bertha Pappenheim. Leipzig: Linder, 1924. *E-book*. Frankfurt am Main: Univ.-Bibliothek, 2012. Disponível em: https://sammlungen. ub.uni-frankfurt.de/freimann/content/titleinfo/6509560. Acesso em: 29 jul. 2024.

PARDINI, R. J. *A heterogeneidade discursiva em Anna O.* A língua como sintoma no nascimento da psicanálise. 2012. 116 f. Dissertação (Mestrado em Estudos Linguísticos) – Universidade Federal de Minas Gerais (UFMG), Belo Horizonte, 2011.

PARDINI, R. J. A sexualidade feminina: Bertha Pappenheim (Anna O.) – uma mulher não-toda em busca do absoluto + o gozo feminino. *In*: QUINET, A.; ALBERTI, S. *Sexuação e identidades*. Rio de Janeiro: Atos e Divãs, 2019. p. 468-473.

POLLO, V. *Mulheres histéricas*. Rio de Janeiro: Contra Capa, 2003.

POLLO, V. Sublimação e voz. *In*: RIBEIRO, M. A. C. *O caldeirão da feiticeira*. A metapsicologia de Freud, um século depois. Rio de Janeiro: Contra Capa, 2015. p. 139-145.

PORGE, E. *Sublimação, uma erótica para a psicanálise*. São Paulo: Aller, 2019.

PORTUGAL, A. M. *O vidro da palavra*: o estranho, literatura e psicanálise. Belo Horizonte: Autêntica, 2006.

PRADO, A. *Bagagem*. São Paulo: Siciliano, 1993.

PRADO, A. *O coração disparado*. Rio de Janeiro: Guanabara, 1987.

QUINET, A. As formas de amor na partilha dos sexos. *In*: JIMENEZ, S.; SADALA, G. (org.). *A mulher*: na psicanálise e na arte. Rio de Janeiro: Contra Capa, 1995. p. 11-23.

QUINET, A. *Édipo ao pé da letra*. Rio de Janeiro: Zahar, 2015.

QUINET, A. *Lição de Charcot*. Rio de Janeiro: Zahar, 2005.

RIBEIRO, M. A. C. *Metapsicologia de Freud*. Belo Horizonte: Passos, 1995. v. 1.

RIBEIRO, M. A. C. *O caldeirão da feiticeira*: a metapsicologia de Freud, um século depois. Rio de Janeiro: Contra Capa, 2015.

RIBEIRO, M. A. C. *Um certo tipo de mulher*: mulheres obsessivas e seus rituais. 3. ed. Rio de Janeiro: Atos e Divãs Edições, 2021.

RITVO, J. B. Conferência: o conceito de letra na obra de Lacan. *A prática da letra* – Revista da Escola Letra Freudiana, Rio de Janeiro, ano XIX, n. 26, p. 9-34, 1997.

ROUDINESCO, E.; PLON, M. *Dicionário de psicanálise+*. Tradução de Vera Ribeiro e Lucy Magalhães. Rio de Janeiro: Zahar, 1998.

SALIBA, A. M. P. M. A escrita das barragens. *Letra irredutível, M. D* – Revista da Escola Letra Freudiana, Rio de Janeiro, n. 48, p. 179-184, 2016.

SOLER, C. *O que Lacan dizia das mulheres*. Tradução de Vera Ribeiro. Rio de Janeiro: Zahar, 2005.

THE SECRET Life of Anna O. – Bertha Pappenheim's Gender Revolution, Religion, and Modernity. *Leo Baeck Institute London*, London, [20--]. Disponível em: https://www.leobaeck.co.uk/snapshots/secret-life-anna-o-bertha-pappenheims-gender-revolution-religion-and-modernity. Acesso em: 29 jul. 2024.

VIEIRA, M. A. Lola. *In*: CALDAS, H. *Errâncias, adolescências e outras estações*. Belo Horizonte: Escola Brasileira de Psicanálise, 2007.